G
S

1986

17VS
ARD
EVE
1/3
TH

Aus dem Französischen übersetzt von Eva Kornbichler
Redaktion: Maria Mill
Korrektur: Irmgard Perkounigg
Einbandgestaltung: Studio für Illustration und Fotografie, Icking,
Sascha Wuillemet
Herstellung: Dieter Lidl
Satz: Fotosatz Völkl, Puchheim

Die Originalausgabe mit dem Titel *La Grande Histoire du Cigare*
wurde erstmals 1989 im Verlag Flammarion, Paris, veröffentlicht

Design: Marc Walter
Layout: Sophie Zagradsky
Bildauswahl: Sabine Arque
Lithograhie: Arbook International, Paris

Druck und Bindung: Graficas Estella
Printed in Spain

ISBN 3-88472-844-X

Abbildungen:

Seite 1: Bauchbinde einer Zigarre, die mit einem Frauenporträt geschmückt ist.

Seite 2–3: Die numerierten, datierten und in Palmblätter eingeschlagenen Tabakballen, so wie sie von der Pflanzung zur Fabrik geschickt werden.

Seite 6–7: Einige der schönsten in Europa erhältlichen Havannas. Direkt auf der Unterlage liegend von links nach rechts: Hoyo de Monterrey Prominentes, Quay d'Orsay Imperiales, Punch Churchill, Sancho Pansa Sancho, H. Upmann No 2, Sancho Pansa Belicoso, Romeo y Julieta Churchill, Dunhill Havanna Club, Montecristo No 4, Partagas 8–9–8 in lackierter Kiste, Hoyo de Monterrey Hoyo de Dieux. Links obenauf liegend: Monte Christo No 1, Bolivar Coronas Extra. Unten Mitte: 3 Mini-Davidoff. Rechts obenauf liegend: Bolivar Tubos No 3. Oben links auf dem Spezialkistchen: Magnum, Séléction Gérard, von dem Genfer Zigarrenhändler anläßlich eines Fests angefertigt, bei dem die Verbindung des Burgunders mit der Havanna durch die Vereinigung der Weinkenner gefeiert wurde.

Die große Geschichte der ZIGARRE

Bernard Le Roy
Maurice Szafran

Kaleidoskop Buch

Chevaliers du
Bourgogne-Havane 1988"
SANCHO PANZA
CUBA

INHALT

DIE ZIGARRE - LEBENSSTIL UND LEIDENSCHAFT

Die Zigarre, Symbol männlicher Eleganz, wird in der Damenwelt zu einem modischen Accessoire (Seite 8: ein Mannequin, für ein spanisches Magazin aufgenommen, in einer Werkstatt in Havanna). Im 19. Jahrhundert und bis zu Beginn des 20. Jahrhunderts stellte die Zigarre ein gesellschaftliches Phänomen dar. Schriftsteller, die rauchten (oben: Rudyard Kipling, unten rechts: Somerset Maugham), widmeten dieser Passion in ihren Werken viele Seiten. In der Malerei assoziierte man die Zigarre mit dem Bürgertum oder dem Dandy (rechte Seite: Porträt des B. Celentano, von Domenico Morelli). Die *vista*, d. h. die Innenverzierung einer Zigarrenkiste, stellt oft dar, wie die Gesellschaft den Raucher sieht (ein Dandy Ende des 19. Jahrhunderts, Seite 9).

Alle Zigarren enden in Rauch. Für die Gegner des Rauchens ist dieses brasilianische Sprichwort Wasser auf ihre Mühlen. Es erfaßt jedoch genial die ganze Philosophie und den vollen Genuß, die Lebenskunst und das Glücksgefühl, den Hedonismus und die gelassene Heiterkeit all derer, die in einer Montecristo N° 1 – wie in einem guten Bordeaux –, in einer Romeo y Julieta Churchill – genauso wie in einem großen Burgunder – eine immer wieder neue und doch vertraute Glückseligkeit, eine absolute und unerschütterliche Befriedigung finden. Dieser üppig wallende, dieser liebliche, dieser göttliche und geheimnisvolle blaue Rauch einer edlen Zigarre, in dem der Blick sich verliert, stellt wahrhaftig die Apotheose aller sinnlichen Genüsse dar.

Die Zigarre läßt niemanden kalt. Ob sie nun geliebt oder verabscheut wurde, sie hat im Laufe der Zeit so manche Polemik und manchen Protest ausgelöst. Ihre zahlreichen Gegner haben sie immer wieder auf das erbitterste bekämpft. In Großbritannien verbot Königin Victoria, eine große Streiterin im Kampf gegen die Zigarre, strikt, daß in ihrer Gegenwart geraucht wurde oder daß es jemand auch nur wagte, an einem Ort zu rauchen, den Ihre Königliche Hoheit möglicherweise eines Tages aufsuchen könnte.

Die Raucher ihrerseits zeigen die gleiche Unerschütterlichkeit in ihrer Treue zur Zigarre. Der große Musiker Franz Liszt reiste in ganz Europa von einem Konzertsaal zum anderen, ohne sich jemals von einigen doppeltgewandeten Zedernholzkistchen zu trennen, in denen er seine Zigarren aufbewahrte. Er verzichtete niemals auf das Rauchen, wie immer es auch um seine finanziellen Mittel bestellt war. Selbst in dem Kloster, wo er seinen Lebensabend verbrachte, errang Liszt die Erlaubnis, seine Zigarren zu rauchen. Zigarrenleidenschaft? Dieser Ausdruck ist sicher nicht verfehlt. Vor seiner Exekution am 7. Oktober 1815 in Paris durch ein Erschießungskommando, das er selbst befehligte, äußerte der berühmte Marschall Ney die letzte Bitte, noch eine Zigarre rauchen zu dürfen. Dieser Wunsch wurde ihm erfüllt, und so war er die

erste Berühmtheit, die mit einer Zigarre zwischen den Lippen aus dem Leben schied.

Liszt und Ney mögen all denen lächerlich und exzentrisch erscheinen, die sich noch nie jenem Nirwana genähert haben, dessen »Sesam, öffne dich« die Zigarre ist. Der Musiker und der Marschall sind jedoch nicht die einzigen, die dieser Leidenschaft frönten. Rudyard Kipling drückte seine Passion meisterhaft aus: »A woman is only a woman, but a good cigar ist a smoke«, schrieb er in *Die Verlobten.* Mit diesem nicht übersetzbaren Aperçu wollte der Autor des *Dschungelbuch* zum Ausdruck bringen, daß eine Zigarre ein Wohlbefinden hervorrufen kann, wie dies durch nichts sonst möglich ist, auch nicht durch einen anderen Menschen, nicht einmal durch eine Frau. Alfred de Musset betrachtete jeden Raucher als »einen Freund, denn ich weiß, was er empfindet«.

In Europa erlebte die Zigarre im 19. Jahrhundert ihr erstes goldenes Zeitalter. Nachdem sie schon ein Jahrhundert früher durch Soldaten eingeführt worden war, verbreiteten Napoleons Armeen sie – wie manch andere Produkte auch – erst wirklich über den ganzen Kontinent. Die Soldaten des Kaisers hatten sie bei ihren Spanienfeldzügen entdeckt: Als sie die Zigarre mit nach Hause brachten, wurde sie sofort mit großer Begeisterung aufgenommen. Für die damalige »Avantgarde« wurde das Rauchen »der letzte Schrei«. In jenen Zeiten, als die legendären Zigarrenmanufakturen von Sevilla Literaten wie auch Musiker inspirierten, als die edlen Zigarren mit den langen Deckblättern die Maler in Träumereien versetzten, wurde dieses neue Erkennungszeichen für bestimmte Gesellschaftskreise zu einem Symbol, vergleichbar nur dem Haschisch oder dem Kokain, das nur ein Jahrhundert später für die Künstlerbohème des Fin de siècle eine ähnliche Bedeutung erlangen sollte. Von Byron bis Victor Hugo, von Stendhal bis Théophile

Als Symbol der Eleganz und des gesellschaftlichen Aufstiegs ist der Genuß der Zigarre im 19. Jahrhundert im wesentlichen der Herrenwelt vorbehalten (linke Seite: »Ein Freitag im Salon französischer Künstler« von J. Grun.) Eine Zigarre, mit der richtigen inneren Sammlung geraucht, fördert die dichterische Kreativität und inspiriert die größten Schriftsteller wie Stéphane Mallarmé (links: ein Porträt von Manet) oder Charles Baudelaire (unten: »Baudelaire mit Zigarre« von Charles Ney).

Diese *vista* (rechts) ist inspiriert von einem symbolistischen Gemälde der Jahrhundertwende.
Illustrationen des letzten Jahrhunderts stellen häufig frivole Szenen dar, in denen die Zigarre mit lockeren Dämchen assoziiert wird (rechte Seite: Zeichnung »Die verbotene Frucht« aus der satirischen Zeitschrift *Le Charivari*). Viele Frauen versuchten, diesem Vorurteil entgegenzutreten. George Sand, deren Zigarrenetui unten abgebildet ist, war wohl die berühmteste, aber nicht die einzige unter ihnen: Die Prinzessin von Metternich, Rosa Bonheur und Marie d'Agoult besaßen ebenfalls die Kühnheit, öffentlich zu rauchen.
Trotz des Namens ist Suzette (unten rechts) keine französische Zigarre. Im 19. Jahrhundert gaben deutsche und amerikanische Hersteller ihren Zigarren gern französische Namen.

Gautier, von Balzac bis Mallarmé, von Bizet bis Ravel, von Barrès bis Somerset Maugham, von Renoir bis Van Dongen war die Welt der Künstler von einer derartigen Faszination ergriffen, daß die Zigarrenmode zu einem wichtigen gesellschaftlichen Phänomen wurde.

Von den Dandys angesteckt, begann das aufgeklärte Bürgertum sofort, sich ebenfalls für die Zigarre zu begeistern. Und dies mit einem solchen Feuereifer, daß die Zigarre im Europa des 19. Jahrhunderts bald zu einem Symbol der gesellschaftlichen Befreiung wurde. In London organisierten die Dandys sogenannte *seegar divan*-Zusammenkünfte; Abhandlungen über die Kunst des Zigarrenrauchens gab es wie Sand am Meer; Legenden entstanden, wurden weitergesponnen und wuchsen ins Unermeßliche. Man rauchte, und zwar unterschiedslos alles, den feinsten Tabak und das übelste Kraut.

In der Mitte des 19. Jahrhunderts befand sich die Zigarre auf dem Höhepunkt ihrer Beliebtheit. Dann kam unerbittlich der Niedergang. Die Begeisterung der wohlhabenden Klassen klang ab. Die wirtschaftliche Rezession, die das Bürgertum gegen Ende des Jahrhunderts heimsuchte, der kalte Wind des Puritanismus, den das Viktorianische Zeitalter über ganz Europa blies, die Aufrufe gegen das Rauchen, die in seinem Gefolge immer lauter wurden, all das trug dazu bei, den Schwung der Bewegung zu hemmen und schließlich ganz zu ersticken. Und zwar genau

JUANITA
DEP. 5700.

zu dem Zeitpunkt, als sie glaubte, ihr Ziel erreicht zu haben: die allgemeine Verbreitung und Etablierung der Zigarre im gesamten Volk.
In diesem Auf und Ab um die Zigarre darf die Rolle der Frau keinesfalls übersehen werden. Die Frauen hatten über Jahrhunderte hinweg nicht nur am Schicksal der Raucher, sondern auch am Stellenwert des Tabaks und der Zigarre in der abendländischen Kultur lebhaften Anteil. Zum erstenmal war dies der Fall, als sie – ganz der Zeitmode entsprechend – am spanischen Hof begannen, Tabak zu schnupfen, und dabei womöglich noch die Herren übertrafen, die dies seit der Rückkehr Christoph Kolumbus' eingeführt hatten. Die Hidalgos duldeten jedoch diese Gleichberechtigungsbestrebungen nicht, und so wurde den Damen das Schnupfen verboten. Ihre Rache kam mit Hilfe Goyas: Als Modell für seine *Maja desnuda* soll der große Maler eine Arbeiterin aus der Zigarrenfabrik gewählt haben, und nicht die Herzogin von Alba, wie Gerüchte besagen. Viele Kenner der Geschichte des Rauchens betonen, daß der entschlossene und unversöhnliche Kampf vieler Frauen gegen die Zigarre und ihren Geruch aus diesem Verbot herrührt – eine heftige Reaktion auf die Geschlechterdiskriminierung.

Es war eine Französin, nämlich George Sand, die es als erste Frau wagte, in der Öffentlichkeit Zigarren zu rauchen. Sie betonte, es sei »das unverzichtbare Accessoire im Leben eines jeden eleganten Müßiggängers«. Zweifellos stieß die Schriftstellerin ihre Zeitgenossen viel mehr vor den Kopf, als daß sie damit das Ansehen der Zigarre hob, denn sie galt schon immer als exzentrisch. Auch Colette, die große Dame des Palais-

Hatte Goya als Modell für seine *Maja desnuda* eine Zigarrenarbeiterin aus Sevilla gewählt, so wurde er seinerseits oft in Vistas dargestellt (unten).
Frauen waren für die Schöpfer der Vistas schon immer ein besonders beliebtes Motiv (links und linke Seite).

Häufig beklagten sich Frauen über den für ihren Geschmack zu starken Duft der Zigarre. Colette (rechts) teilte jedoch diese ablehnende Haltung nicht, sie schrieb in ihren *Cahiers:* »Die ersten Teerosen! (...) Sie duften nach Aprikose, Vanille, nach sehr feinen Zigarren (...)«, und in *La Treille Muscate:* »Der gelbe Rosenbusch verströmt einen Duft wie von feinen Zigarren.«

Royal, hatte verstanden, wie wichtig den Herren der Schöpfung die Zigarren sein konnten. Sie drückt das in *Gigi* aus, indem sie ihrer Heldin den folgenden Rat gibt: »Erinnere mich also daran, dich zu lehren, wie man Zigarren auswählt. Wenn eine Frau die Vorlieben eines Mannes kennt, Zigarren eingeschlossen, und wenn ein Mann weiß, was einer Frau gefällt, so sind sie füreinander gut gerüstet.« Diese kluge Äußerung entging damals jedoch der Aufmerksamkeit der Öffentlichkeit.

Es sollte noch sehr lange dauern – bis Anfang der 60er Jahre –, bis man Frauen wieder Pfeifen und Zigarren rauchen sah, und dies nur sehr schüchtern und fast ausschließlich im eigenen Heim. Zehn Jahre später dann zeigten einige Damen keine Hemmungen mehr, in der Öffentlichkeit dicke Sorten anzustecken und sie zu einem Viertel zu rauchen. Und als schließlich dieses Buch in seinen Anfängen steckte, lernten wir in einer Weinbar auf den Champs-Élysées eine junge Frau kennen, die sich, sobald ihr Tischpartner sich verabschiedet hatte, eine Montecristo N° 4 ansteckte. Sie erklärte uns, daß sie zwei pro Tag rauche, nach jeder Mahlzeit eine, und daß sie damit gewartet hatte, bis ihr Partner gegangen war, »weil er dieses Vergnügen weder verstehen noch akzeptieren kann«. An jenem Tage hatten wir das Gefühl, daß der Beginn einer neuen Zigarrenkultur vor der Türe stand.

Es gab jedoch noch ein anderes Vorurteil: In der Vorstellung der breiten Öffentlichkeit ist die Zigarre lange mit der Welt der Herrscher und Staatsoberhäupter, der Politiker und der großen Bankiers, der Millionäre und der exzentrischen Stars, ja sogar hie und da mit der Unterwelt, mit der Welt des Glücksspiels und der Gewinnemacherei verknüpft gewesen. Zigarre war gleichbedeutend mit Geld, und zu Beginn unseres Jahrhunderts war das positive Bild des

Rauchers mehr als verblaßt, es war getrübt oder, noch schlimmer, sogar in sein Gegenteil verkehrt worden.

Diese negative Einschätzung stellte Chaplin in der letzten Szene von *Goldrausch* mimisch dar, indem er im Rhythmus seiner Schritte auf einem Zigarrenstummel kaut, den ein blasierter Millionär weggeworfen hat. Der Stummfilm spielte in der Tat für den schlechten Ruf der Zigarre eine wesentliche Rolle. Da die Filmemacher ohne Sprache auskommen mußten, waren sie darauf angewiesen, aussagestarke Symbole zu finden. Welch besseres Bild der Kontrastierung von Arm und Reich gab es da als die Zigarre, um den Bösen, von Reichtum und Gier Besessenen, der seine Angestellten schlecht behandelt, darzustellen und zu karikieren? Wenn es etwas allgemein Einprägsames gab, dann dieses Bild, und es wirkte lange nach. Kaum liefen die

Auf der Suche nach aussagekräftigen Bildern benutzte der Stummfilm die Zigarre als Symbol für den Erfolg und die Privilegien der Reichen und Mächtigen. Charlie Chaplin (links oben) verwendete wiederholt dieses Klischee, um die »Guten« und die »Bösen«, die »Armen« und die »Reichen« zu unterscheiden. Später jedoch spielten zahlreiche Hollywood-Stars eine wesentliche Rolle bei der »Rehabilitierung« der Zigarre. Edward G. Robinson (links unten: mit Humphrey Bogart, und linke Seite, unten) erhielt den hochoffiziellen Titel des »Mister Cigar«. Charles Laughton (unten) verstand es, mit seiner Zigarre wahre Lachsalven beim Publikum hervorzurufen.

Erst mit der Befreiung durch die amerikanischen GIs, die Zigarillos rauchten, lebte die Begeisterung für die Zigarre wieder auf (unten: Robert Mitchum in »Der längste Tag«). Mehr als 40 Zentimeter lang, mehr als 5 Zentimeter Durchmesser: immer schon hatte man sich einen Spaß daraus gemacht, Zigarren zu fabrizieren, die kaum zu rauchen waren (ganz unten). Selbst im finanziellen Ruin verzichtete der große amerikanische Schriftsteller Mark Twain (rechte Seite) nicht auf seine Zigarren.

ersten Tonfilme in den Kinos, da setzten sich die großen amerikanischen Tabakhersteller sofort mit gewaltigem Aufwand bei den Hollywood-Produzenten dafür ein, daß die Zigarre in den neuen Drehbüchern wieder zu Ehren kam. Für dieses »Aufpolieren des Image« waren sie bereit, Millionen von Dollar zu investieren.

Chaplin hatte, als das Genie, das er war, erkannt, welchen künstlerischen Nutzen er aus dieser allgemein verbreiteten Vorstellung, die Zigarre sei ein Privileg der Reichen, ziehen konnte. Und doch handelt es sich hier um eine Unwahrheit, ein falsches Klischee.

Die Wende war während der Befreiung Frankreichs von der deutschen Besatzung, im Jahre 1944, festzustellen. Das Bild vom amerikanischen GI, der auf seinem Panzer hockt, ein pechschwarzes Zigarillo im Mundwinkel klebend, wirkte sich beträchtlich auf das Angebot und die Nachfrage nach diesen Zigarillos in Europa aus. Mußte man nicht diese Angewohnheit der amerikanischen Befreier nachahmen? So wurde das Zigarillo, mit den Bluejeans und dem Kaugummi, zu einem der unverzichtbaren Requisiten des modebewußten jungen Mannes. Bei der Knappheit in den 50er Jahren wurden all die Niñas, Picaduros, Lutetias, Voltigeurs und dergleichen etwas vorschnell und bombastisch »Zigarren« getauft – eine Blasphemie, aber was bedeutet das schon: All diejenigen, die 30 Jahre später ihre Leidenschaft für die Kuba-Zigarren entdecken sollten, waren auf diese Weise zuerst damit in Berührung gekommen.

Im letzten Viertel dieses Jahrhunderts gewann die Zigarre durch ein neues, bezeichnendes und ziemlich ausgeprägtes Phänomen ein noch stärkeres Gewicht, nämlich durch

Diese aus Frankreich stammende Vista wurde um die Jahrhundertwende geschaffen (oben).
Ein Tag im Jahre 1932 auf der Pferderennbahn von Longchamp (rechte Seite: »Die Rennen in Longchamp, 1932« von Brassaï), Porträt eines vornehmen Herrn, der eine Wette abschließen will: Fernglastasche, Fliege, Zweireiher, Monokel, Zylinder ... und die Zigarre im Mundwinkel darf nicht fehlen.
Im Laufe der Jahre veränderte sich jedoch die Vorstellung von der Zigarre, so daß sie schließlich auch mit dem Lebensstil des Genießers verbunden wurde (unten rechts: eine Figur aus »Die Katze auf dem heißen Blechdach« von Tennessee Williams).

den beispiellosen Aufschwung der Eßkultur und der Gastronomie. Diejenigen, die neuerdings Zigarre rauchen, sind zum größten Teil nach einem Essen im Restaurant zu ihrer ersten Zigarre gekommen. Das Aufkommen der »nouvelle cuisine«, die daraufhin entstandene Begeisterung für Tafelfreuden und vor allem für gute Weine, die besondere Anerkennung, die den großen Küchenchefs zuteil wurde – ein Phänomen, das sich über alle Kontinente verbreitet hat –, all dies bildet die Grundlage für die neue Wertschätzung, die die Zigarre heute in den verschiedensten Gesellschaftsschichten genießt.

In der Tat stellt die Zigarre die natürliche Ergänzung und Abrundung eines guten Essens dar, welches von ebenfalls guten Weinen begleitet wird. Kenner und Liebhaber der Havanna wissen, daß die gelungenste Verbindung in einem Glas Wein oder Schnaps und einer Zigarre besteht. Ernest Hemingway beschrieb und lebte diese Weisheit, er, der seine Zigarren zu ausgewählten Rumsorten genoß, der auch die Cafés nach dem Rum auswählte, den er zu trinken beabsichtigte. Auf diese Art wird Rauchen zu einer Kunst.

Nun kombiniert der Feinschmekker nicht irgendeine Zigarre mit irgendeinem Wein oder Schnaps. Jacques Puisais, der Papst der französischen Feinschmecker, meint zum Beispiel, daß die Corona von El Rey del Mundo sich in vollkommener Weise mit dem Aroma des weißen Châteauneuf-du-Pape verbindet. Alain Senderens, der Hohepriester der »nouvelle cuisine«, ist davon überzeugt, daß die Zigarre eher zu einem Malvasier als zu einem Cognac oder Armagnac paßt. Jean Bardet, der berühmte Koch aus Tours, bezeichnet die Harmonie zwischen einer Epicure von Hoyo de Monterrey und einem Gewürztraminer als vollkommen. Mehr noch als im Anbau, in der Fermentation und in der Reifung – Bereiche, in denen Wein und Zigarre bezeugen, daß sie zur gleichen Familie gehören – beweisen beide in der Würze des vollendeten Produktes ihre Ähnlichkeiten und ihre verwandtschaftliche Nähe.

Das Vanille- und Honigaroma einer Partagas Lusitanias verbindet sich wunderbar mit dem schweren Duft eines großen Sauternes, eines Château Climens beispielsweise. Die vom Meister aller Zigarrenkenner, Zino Davidoff, kreierten Châteaux Haut-Brion, Lafite, Margaux oder Mouton-Rothschild waren die Gegenstücke zu den Spitzen-Bordeaux-Weinen, deren Namen sie trugen. Und die – leider ebenfalls nicht mehr hergestellte – Dom Pérignon erinnerte in ihrer außergewöhnlichen Feinheit und Leichtigkeit an den gleichnamigen berühmten Champagner. Gérard, der andere Zigarrenmeister aus Genf, hat es verstanden, exotische Duftmischungen zu komponieren, die einen wunderba-

»Die Havanna ist für die Kunst des Rauchens dasselbe wie die großen Weine für die Kunst des Trinkens; sie beansprucht uns vollständig, und wenn wir dies ignorieren, rächt sie sich und resorbiert ihren Duft.« Diese Meinung von Alain Senderens, dem Küchenchef des *Archestrate* in Paris, teilen viele große Köche. Pierre Troisgros in Roanne (rechts) hegt und pflegt seinen Zigarrenkeller (rechte Seite) ebenso sorgfältig wie seinen Weinkeller. In seinem wunderschönen Gasthaus in Puymirol hat Michel Trama (unten rechts) einen Rauchsalon eingerichtet, wo er einige der kostbarsten und seltensten Zigarren der Welt anbietet.
Das Kunstgewerbe beeinflußte ohne jeden Zweifel die Schöpfer der Vistas. Diese bemerkenswerte Vista des Jugendstil (unten) ziert eine belgische Zigarrenkiste.

ren Abschluß für üppige Mahlzeiten mit kräftigen Saucen und schweren Weinen bilden. Die großen Coronas von Dunhill sind die geschmackliche Ergänzung zu Schnäpsen, die Montecristo N° 4 zu kräftigen, würzigen Saucen, die Romeo y Julieta Churchill zu den großen Burgunderwei-

nen ... Ebenso wie die herben und trockenen Zigarren nach einem Chili con carne und einem Tequila eine Offenbarung sein können.

Bis vor kurzem noch waren die Zigarrenfreunde, die eine Havanna zu einem Glas Wein genossen, Pioniere, Verrückte, bei allen Puristen unter den Weinliebhabern verschrien. Wenn man denen nämlich glauben dürfte, so wäre es unmöglich, gleichzeitig zu trinken und zu rauchen – Schande über sie!

Schande allen Kellermeistern und sonstigen Gegnern des blauen Rauchs. Ihr Waterloo kam im September 1988. Bei einem Treffen im Château Clos de Vougeot im Burgund wagte es die ehrenwerte Vereinigung der Weinkenner, die Vermählung des Burgunders mit der Havanna zu zelebrieren. Burgunderweine, die mit zu den größten Weinen der Welt gehören, im Verein mit der Zigarre, das war eine Revolution! Die Sanktionierung einer bis dato als widernatürlich empfundenen Verbindung. Die wohlverdiente Anerkennung nach einer langen Durststrecke!

Heute rauchen viele der berühmten Küchenchefs Zigarre, und, noch wichtiger, sie rühmen ihre Vorzüge. Sie sind die glühendsten Anhänger der Havanna.

Schon Denis Laouira, der letzte in der langen Reihe der Meister der französischen Küche nach dem Krieg, hielt für seine Freunde immer seine Lieblingszigarre bereit, die große dickbäuchige Magnum von 25 Zentimeter Länge, die er in den Einzeletuis aus Holz von José Gener y Batet La Escepcion aufbewahrte. Das war noch die Zeit, als gute Restaurants und Zigarren den Reichen vorbehalten waren. Die Zeiten haben sich geändert, glücklicherweise haben sie sich geändert.

Seither hat die Zahl der bekannten Küchenchefs zugenommen, die mit größter Sorgfalt ihren Zigarrenkeller pflegen. Sie haben gelernt, einen guten und wohlsortierten Vorrat zu halten, und sie lehrten ihre Gäste den Genuß, eine fürstliche Mahlzeit mit

Cognac Davidoff

Pierre Romeyer, der große Gastronom aus Brüssel (unten rechts), offeriert seinen Gästen eine große Auswahl an Zigarren, für die er einen Tellerwärmer in einen riesigen Humidor umgewandelt hat. Neben den besonders beliebten Frauenmotiven wurden auch häufig Kinder – als Porträt oder Karikatur – in den Vistas abgebildet (unten).

einer großen Zigarre abzuschließen. In den seltenen Augenblicken, in denen Georges Blanc sich Zeit zum Hinsetzen nimmt, verschmäht er nie eine Doppel-Corona von Punch oder Hoyo de Monterrey. Und er bewahrt sie in seinem Privatkeller auf, der ebenso hervorragend und gut sortiert ist wie sein Weinkeller. In seinem schönen Haus an der Côte-Saint-Jacques ist Michel Lorrain genauso stolz auf seinen Ruf als großer Verehrer der Havanna wie darauf, einer der besten Küchenchefs seiner Generation zu sein. Und die berühmten Küchenchefs Pierre Troisgros und Michel Trama haben noch weitergehende Anstrengungen unternommen: Der eine richtete sich einen großen und erstklassigen Feuchteraum ein, der andere verwandelte einen Speiseraum seines Restaurants in einen stilvollen Rauchsalon.

Kämen alle großen Küchenchefs auf die gute Idee, eine Zigarrenkarte anzubieten, so wäre ein weiterer Schritt zur Gesellschaftsfähigkeit der Zigarre getan. Es bewiese, daß sie, endlich anerkannt, mit dem Dessert, dem Wein oder dem Schnaps auf eine Stufe gestellt würde. Ein bekannter Gastronom aus Zürich, Jacky Schlapfer, setzte als erster diese exzellente Idee in die Tat um.

Anspruchsvolles Essen ist »in«, und diese Mode flaut nicht ab. Die Vielzahl an gastronomischen Führern, das regelmäßige Erscheinen von Restaurantbesprechungen in den Medien, die Titelseiten der unterschiedlichsten Zeitschriften, die diesem Bereich gewidmet sind, dies alles zeugt von einer tiefgreifenden Veränderung der Verhaltensweisen in Europa. Ja selbst der Kreis dieser neuen Anhänger der Eßkultur, dieser neuen Freunde guter Weine, dieser Entdekker der Zigarre hat sich gewandelt, und dies sehr grundsätzlich: Lange Zeit wurden Restaurants nur von

Wie könnte man seine Männlichkeit besser darstellen als mit einer Doppel-Corona im Mund? Diese Vorstellung hält sich zäh. In »Victor und Victoria« von Blake Edwards demonstriert Julie Andrews (links), als Mann verkleidet, mit Hilfe einer Zigarre ihre »Männlichkeit«.
Dieses Bild (unten) ist keine Vista, sondern eine kleine Karte, die einer Kiste mit Londres (französische Zigarren, Anfang des Jahrhunderts) beigelegt wurde. Damals war dies eine übliche Form der Werbung, und Felix Potin, um nur ein Beispiel zu nennen, wandte sie für seine Schokoladen an.

Personen eines bestimmten Alters frequentiert, die zeigen wollten, daß sie erfolgreich waren. Das Publikum, das heute die gleichen Restaurants besucht, ist heterogen. Es gehört weder einer bestimmten gesellschaftlichen Schicht an, noch kann es nach Geld, Herkunft oder Kulturkreis eindeutig klassifiziert werden. Und vor allem haben die Küchenchefs festgestellt, daß ihre Gäste bedeutend jünger geworden sind: Heutzutage sind die um die Tische Versammelten zum größten Teil noch keine 40. Und diese junge Generation von Rauchern, die über die Gastronomie rascher auf die Zigarre gekommen sind als die Älteren, besitzt ihre eigene Art, das Zigarrerauchen zu zelebrieren.

Die Presse, die alle neuen Trends widerspiegelt, beeilte sich, dieses Phänomen aufzugreifen. Allen anderen voraus veröffentlichten Zeitschriften wie der *Nouvel Observateur, Point, Evénement du jeudi* Berichte, Untersuchungen und Vergleichstests über die Qualitäten und Mängel verschiedener Zigarren. Und *Sunday Times Magazine, Diaro 16, El Pais, Epoca* und *Der Spiegel* zogen Ende der 70er Jahre nach. Die internationale Gastronomie-Presse – einschließlich jener in den Vereinigten Staaten, wo die Einfuhr von Havannas streng verboten war – begleitete diese Entwicklung. So fügte sich in der Würdigung der Zigarre eins zum anderen.

Es fehlte nur noch ein Beweis, um diesen Triumph zu bestätigen, und dieser ließ nicht lange auf sich warten: 1981 wurde in Kuba die Ernte durch die schreckliche Pflanzenkrankheit Blausucht dezimiert. Als Folge der Plage entstand auf der ganzen Welt eine Knappheit an Havannas, die für die Raucher schlimmer war als der Börsenkrach von 1929. Die weltweite Gemeinde der Zigarrenliebhaber stand monatelang unter Schock, und es spielten sich wahre Dramen ab.

Die zollfreien Läden der europäischen Großflughäfen – die ebenfalls einen großen Anteil an der Geschichte der Zigarre haben –, die

Arthur Rubinstein (rechte Seite), ein großer Raucher und ein Vorbild an Eleganz, erklärte, er »wähle seine Zigarre ebenso sorgfältig aus wie seine Krawatte«.
Auf der Internationalen Tabakausstellung 1936 in New York stützte sich die Tänzerin Leona Osborn (unten) auf zwei gigantische Zigarren – mit einer Höhe von 1,68 m und einem Gewicht von 9,9 kg.

Läden in Spanien, die Selbstbedienungsläden in London, Genf, Zürich, München oder Paris, die gigantischen Supermärkte des Flughafens von Dschidda in Saudi-Arabien, in denen es von der einfachsten Zigarre bis zu den Superformaten alles gab, wurden von spanischen Rauchern überschwemmt. Die Panik wurde noch gesteigert durch den Mangel an zuverlässiger Information über die wirkliche Situation in den Pflanzungen der Vuelta Abajo, der Roten Erde, dem Anbaugebiet des besten Tabaks der Welt, und in den Fabriken von Havanna.

Zwei lange Jahre, 1982 und 1983, herrschte Panik. Die Raucher vergaßen sogar, daß wenige Monate vor der Plage der Preis der Corona, der kleinsten der großen Zigarren, um 280 Prozent gestiegen war. Sie hätten gerne bezahlt, und sogar noch mehr bezahlt, aber die Coronas waren meistens nicht aufzutreiben. Von den 700 kubanischen Formaten wurden lediglich noch 60 angeboten.

Unter europäischer Mithilfe gelang es den kubanischen Fachleuten, die Epidemie innerhalb einer einzigen Saison zu besiegen. Schon 1982 brachte die Ernte wieder den üblichen Ertrag, und der internationale Markt wurde ab 1983 wieder versorgt. Die Welt der Zigarre, Hersteller, Händler und Raucher gleichermaßen, hatte eine ebenso tiefe emotionale Erschütterung erfahren, wie sie etwa die Weinhändler und -liebhaber erleben, wenn ein schlechter Jahrgang oder eine knappe Ernte angekündigt werden.

Das Echo und die Auswirkungen dieser Krise in der ganzen Welt hatten den einen Verdienst, daß sie den Beweis lieferten, und zwar einen schlagenden Beweis dafür, wie sehr die Zigarre in Mode gekommen war.

DER SIEGESZUG DES TABAKS

König Edward VII. von England (Seite 30) setzte sich unaufhörlich und offen über die Verbote seiner Mutter, der Königin Victoria, hinweg, die eine der strengsten Gegnerinnen des Tabakgenusses war. Bei der Eröffnung seines ersten Ministerrates 1901 konnte er es sich nicht verkneifen, vor jeder offiziellen und politischen Einleitung zu erklären: »Meine Herren, Sie dürfen rauchen« (»You may smoke«), wobei er sich eine Doppel-Corona anzündete. 61 Jahre lang hatte er sich gedulden müssen, bis er frei regieren und rauchen konnte. Viele Vistas haben die Pflanzung oder die Fabrik zum Motiv und stellen so ein interessantes Dokument der Geschichte der Zigarre dar (Seite 31: eine Vista, auf der eine Fabrik abgebildet ist). Die meisten großen Konquistadoren des 15. und 16. Jahrhunderts beanspruchten die Entdeckung des Tabaks für sich. Christoph Kolumbus jedoch, der am 12. Oktober 1492 in der Neuen Welt landete, war ohne jeden Zweifel der erste, der dort Frauen und Männer »mit getrockneten und zusammengerollten Blättern in der Hand« antraf (Stich rechts und Vista Seite 33 unten rechts).

Die Geschichte der Zigarre ist untrennbar mit der Geschichte der **Entdeckung des Tabaks** verbunden, die sich fast wie ein Kriminalroman ohne Auflösung liest. Viele beanspruchten die Entdeckung für sich, und es ist praktisch unmöglich, fast vier Jahrhunderte danach noch das Wahre vom Falschen zu unterscheiden. Eines steht jedoch fest: Die Geschichte des Tabaks beginnt mit der Entdeckung

Amerikas. Und ihre Helden sind die spanischen Eroberer, vor allem der berühmteste unter ihnen, Christoph Kolumbus.

Als Kolumbus am 12. Oktober 1492 auf einer Insel landete, die von ihren Bewohnern Guanahani genannt wurde und die er in San Salvador umtaufte, ahnte er nicht, daß er gerade die Neue Welt entdeckt hatte, noch daß er kurz davorstand, den Tabak zu entdecken. Er verbrachte dort zu wenige Tage, um ins Landesinnere vorzudringen oder die Gebräuche der Eingeborenen zu beobachten. Jedoch erfuhr er von der Existenz einer anderen, größeren Insel. Kolumbus beschloß, sie anzusegeln und betrat sie am 27. Oktober 1492. Er gab ihr den Namen Juana. Später wurde sie Ferdinanda und schließlich Kuba genannt. Dieses Datum eröffnet das Zeitalter des Tabaks und der Zigarre in Europa.

In seinem Bordbuch berichtet Kolumbus, daß zwei seiner Begleiter bei der Erforschung der Insel eine große Anzahl Indianer, Frauen und Männer, antrafen, die »mit einer kleinen glimmenden Stange aus einem Kraut herumwandern, dessen Rauch sie einatmen, wie es ihr Brauch ist«. Einer der Begleiter, Luis de Torrès, durchforschte den östlichen Teil der Insel. Er lebte mit den Eingeborenen und berichtete von einer ähnlich aufschlußreichen Beobachtung. »Sie tragen in der Hand ein glimmendes

Kohlestück und Kräuter und atmen die Düfte mit Hilfe von Katapulten ein, die sie in ihrer Sprache *tabacos* nennen.« *Tabaco* – war das der Urahn der Zigarre?

Nach dieser Beschreibung ist schwer zu sagen, ob nun die Stange oder das Katapult – möglicherweise eine Art von Etui, ein Palmenblatt oder eine Pflanze, die den Tabak enthielt – mit *tabaco* bezeichnet wurde. Doch Kolumbus' Leutnant machte eine weitere wichtige Angabe: Die Eingeborenen nannten ihr Kraut *cohiba*. Heute ist die Cohiba eine der berühmtesten kubanischen Zigarren. In seinem 1535 entstandenen naturhistorischen Werk über Westindien bestätigt Fernandez de Oviedo seinerseits die Aussagen von Luis de Torrès: »Die Indianer benutzten ein Rohr, geformt wie ein ›Y‹, führten die beiden Enden der Gabel in ihre Nasenlöcher und das andere Ende in das entzündete Kraut.«

Jeder große Seefahrer, jeder Expeditionsführer beanspruchte die Erstentdeckung des Tabaks für sich. Kolumbus und seine Leute bildeten da keine Ausnahme. Allerdings hat Kolumbus im Laufe seiner vier Reisen von 1492 bis 1504 jedesmal Gebiete erforscht, in denen es tatsächlich Tabak gab: San Salvador, Kuba,

André Thevet, ein Franziskanermönch, brachte 1556 den Tabak aus Brasilien nach Frankreich. In seinem Buch *Cosmographie Universelle* beschreibt Thevet die Pflanze sehr detailliert und veröffentlicht eine exakte Zeichnung (links) der blühenden Tabakpflanze.

Von allem Neuen, das Kolumbus und seine Begleiter in Amerika entdeckten, war die Verwendung des Tabaks bei den Indianern (unten links) die größte Überraschung, denn in der Alten Welt gab es nichts Vergleichbares. Einige Vistas stellen die Entdeckung Amerikas dar (Seite 32 unten).

Zu Beginn des 16. Jahrhunderts entdeckten sowohl Fernão de Magalhães (rechts) wie auch der portugiesische Konquistador Alvarez Pedro Cabral (unten rechts: bei der Eroberung Brasiliens) von Südamerika bis Südostasien zahlreiche Gebiete, in denen Tabak angebaut wurde.
Die Schöpfer der Vistas scheuten auch den offensichtlichsten Anachronismus nicht (unten: die Vista zeigt Merkur, den Gott des Handels, mit seinem Symbol, dem Stab, der in tropischer Umgebung zwei Frauen im römischen Gewand eine Zigarrenkiste anbietet).
In den Kulturen der Maya, der Inka und der Azteken wurde der Tabak immer als ein Mittel betrachtet, um mit den Göttern zu kommunizieren. Der Rauch ermöglichte es den religiösen Führern, die unsichtbaren Mächte zu erreichen (rechte Seite: mexikanische heilige Statue, die später zu einem Kennzeichen für Tabakläden wurde).

Haiti, Guadeloupe, Puerto Rico, Jamaika, Venezuela, Kolumbien und Honduras. Doch ist er deswegen auch der wahre Entdecker? Das ist keinesfalls sicher, denn bestimmte Historiker sprechen die Entdeckung dem Mönch Ramon Pane zu, der Kolumbus auf seiner zweiten Westindienreise begleitete und der auf Haiti Eingeborene beim Rauchen beobachtet haben soll.

Unmittelbar nach Kolumbus unternahm Amerigo Vespucci, ein florentinischer Seefahrer, nach dem Amerika benannt wurde, im Dienste Spaniens und Portugals vier Seereisen nach dem neuen Kontinent und behauptete seinerseits, den Tabak entdeckt zu haben. Der Portugiese Fernão de Magalhães (Magellan), der im Jahre 1519 zu einer Weltumseglung aufbrach, von der er nie zurückkehren sollte, gilt ebenfalls als möglicher Entdecker. Und es gibt einiges, was für ihn spricht: Nachdem er den westlichen Seeweg nach Indien erschlossen hatte, nahm er den Tabak auf seine erste Weltreise mit und brachte einige Pflanzen auf die Philippinen, wo sie wuchsen und gediehen. Ein weiterer Portugiese, Alvarez Pedro Cabral, steht ebenfalls in vorderster Reihe der Tabakentdecker, da er im Jahre 1500 in Brasilien Land betrat, wo Männer und Frauen aller Altersstufen Pfeifen, Zigaretten und Zigarren rauchten, wobei der Tabak in

Blätter der verschiedensten Formate eingerollt war.

In Mittel- und Südamerika – woher der Tabak stammt – rauchten alle Volksstämme seit Jahrhunderten. In Studien, besonders in jenen des berühmten Ethnologen Jacques Soustelle, wird die zunächst religiöse, dann auch heilende Bedeutung des Tabaks in den Kulturen der Maya, Inka und Azteken betont. So hat, wie die *Encyclopédie du tabac et du fumeur* (Enzyklopädie des Tabaks und des Rauchers) vermerkt, das Wort Zigarre seinen Ursprung entgegen einem zählebigen Gerücht nicht in dem spanischen Wort *cigale (cigaral)*, das auf die Form eines Insekts anspielt, sondern in der Sprache der alten Maya. »Der *Popol Vuh*, die Chronik des Stammes der Quichés, nennt die Zigarre Jiq oder Ciq, das spanische *cigarro* ist vom *Ciq-Sigan* der Maya abgeleitet. Allerdings setzte sich diese Form erst viel später durch: In den Schriften Labats um 1700 findet man *cigales*, im Neuen Englischen Wörterbuch von 1735 *seegar*, und schließlich in verschiedenen Quellen *cigare, cigarro* und andere Formen; noch im 19. Jahrhundert herrscht Uneinigkeit, schließlich werden in der Ausgabe 1833 der Enzyklopädie von Brockhaus die Formen *cigale, segares, cigarren* angegeben (nach Dr. Gunther Stahl).«

In diesen Kulturen war das Rauchen zunächst den Priestern vorbehalten. Der Rauch wurde als der Weg betrachtet, mit den Göttern Verbindung aufzunehmen.

Später begannen auch die Stammeshäuptlinge, bei besonderen Gelegenheiten, wie etwa bei der Unterzeichnung von Friedensverträgen, zu rauchen. In manchen Ländern, zum Beispiel in Mexiko, trugen die Würdenträger, wie die Priester und die Medizinmänner, als Zeichen ihrer Bedeutung einen Beutel Tabak im Gürtel ... Reichere Medizinmänner hatten stets Diener in ihrem Gefolge, deren einzige Aufgabe darin bestand, das Rauchrohr zu pflegen.

Als dann die einfachen Leute ebenfalls zu rauchen anfingen, stellten sie fest, daß dadurch der Hunger gedämpft und die körperliche Wider-

Viele Vistas glorifizieren die Erinnerung an die großen Konquistadoren, besonders an jene, die ihren Teil zur Entdeckung des Tabaks in der Neuen Welt beigetragen haben.

Im Lissabonner Hafen (links: ein Stich) liefen jeden Tag Schiffe aus Amerika ein, die Tabak geladen hatten.

standskraft erhöht wurde. Der Mythos von der heiligen Wirkung des Tabaks war geboren. Der Tabak wurde damals nie pur geraucht, sondern vermischt mit Kräutern, von denen einige ohne Zweifel heilende Wirkung besaßen und manche sogar Halluzinationen hervorriefen.

Inzwischen sind sich die Historiker einig, daß der Tabak ursprünglich nur aus Amerika stammt. Sie streiten deswegen nicht ab, daß die Chinesen – vielleicht – die Pfeife erfunden haben, daß die Asiaten schon lange vor dem Christentum rauchten. Aber nur Kräuter, keinen Tabak. Diese Pflanze wuchs, bevor sie entdeckt wurde, nirgendwo sonst als in Amerika. Das hat der Tabak mit der Tomate und der Kartoffel gemeinsam, die ebenfalls Nachtschattengewächse sind.

Das erste Erscheinen in Europa. War es schon schwierig, zu entscheiden, von wem nun der Tabak zuerst entdeckt wurde, so ist es noch schwieriger, eindeutig zu klären, wie und von wem die Pflanze in Europa eingeführt wurde. Auch hier streiten sich die Historiker. Manche behaupten, der Spanier Cortez habe die berühmten Samen im Jahre 1518 dem König Karl V. selbst feierlich überreicht; er habe sie sofort aussäen lassen, und die Tabakpflanze habe sich über die gesamte Iberische Halbinsel verbreitet. Ein wissenschaftliches Lexikon, das erst vor ungefähr 20 Jahren erschienen ist, widerspricht jedoch dieser Hypothese; danach soll ein gewisser Francisco Hernandez Gonzalo den Samen erst im Jahre 1570 nach Spanien gebracht haben.

Die portugiesischen Fachleute favorisieren natürlich eine ganz andere Version. Sie behaupten, der Tabak sei durch Hernandez de Toledo eingeführt worden, der mit den kostbaren Blättern, die aus der Provinz Tabasco auf der Halbinsel Yucatán stammten, 1520 an den Ufern des Tejo erschien. Die Portugiesen unterstreichen die Gültigkeit ihrer Geschichte durch den Zusatz, daß die erste Tabakpflanzung auf den Höhen Lissabons aus diesen aus Mexiko stammenden Pflanzen entstanden sei. Die Holländer wiederum weisen diese Version vehement zurück. Wenn man ihnen glauben soll, so war es der Händler Damien de Goes, der den kostbaren Samen aus Florida mitbrachte und König Sebastian von Portugal zum Geschenk machte.

Umstritten sind auch die Umstände, unter denen der Tabak in Frankreich eingeführt wurde. Zunächst war der Name Jean Nicot im Gespräch: Als französischer Gesandter in Portugal soll er im Jahre 1560 die ersten Pflanzen aus Lissabon mitgebracht haben und sie dem Kardinal von Lothringen für seine Gärten in Marmoustier überreicht haben. Seit einigen Jahren haben die Historiker

Zeit seines Lebens wurde Jean Nicot immer wieder mit Jan Nicquet, einem holländischen Händler, verwechselt, und dieses Porträt (unten) ist in Wirklichkeit die Kopie eines Stiches, der diesen berühmten Jan Nicquet darstellt! Von Jean Nicot existiert kein einziges Bild.

In Europa wurde die Tabakpflanze zunächst als Heilkraut verwendet. Zahlreiche Botaniker jener Zeit machten sie zum Gegenstand ihrer Studien, wie der Brite Woodcut 1630 (unten rechts), und bildeten sie in ihren Werken ab (rechte Seite: Stich einer Tabakpflanze, ausgestellt im Naturgeschichtlichen Museum in London).
Gleichzeitig wurden in England die ersten Tabakläden eröffnet (oben: Stich aus dem Jahre 1699).

jedoch ihre Vorstellungen revidiert und sind sich nun einig, daß der Tabak in Frankreich nicht durch Jean Nicot, sondern durch den Franziskanermönch André Thevet eingeführt wurde. Dieser brachte im Jahre 1556, vier Jahre vor Nicot, den Tabak aus Brasilien mit. Er erwähnt die Pflanze in seiner *Cosmographie universelle* (Allgemeine Kosmographie) und nennt sie nach seiner Geburtsstadt Angoulême »angoumoisine«.

Thevet, der die Pflanze sogar in seinem Garten zog, ahnte im Gegensatz zu Nicot nichts von ihrer zukünftigen Bedeutung. Als Nicot seine ersten Blätter am Hofe überreichte, betonte er ihre heilende Wirkung, während Thevet im Tabak nichts anderes als eine Zierpflanze sah.

Wie dem auch sei, als der Tabak einmal in Europa eingeführt war, galt er, nachdem er anfänglich nur als botanische Kuriosität betrachtet worden war, bald als Heilkraut. Noch Jahre, nachdem er sich auf dem alten Kontinent auch außerhalb Spaniens und Portugals verbreitet hatte, fand er ausschließlich als Heilmittel Anwendung, nämlich als Schnupfpulver. Den Genießern blieb nur ein Ausweg: das Priemen. Damals kannten nur die spanischen Adligen, die Seeleute, die Forscher und die großen Reisenden die Pfeife, und nur ganz wenige die Zigarre.

Im Laufe der Jahre setzten sich die verschiedenen Arten des Rauchens durch, je nachdem welche Länder, Völker und Kulturen man neu entdeckte. Aus dem Orient oder aus Nordamerika übernahm man die Sitte, Tabak in Pfeifen und später auch in Zigarettenform zu rauchen; in Mittel- und Südamerika lernten die Europäer den Tabak in einer der heutigen Zigarre ähnlichen Form kennen. So wurde England das Land der Pfeife und Spanien das der Zigarre; in Andalusien entstanden die ersten Zigarrenfabriken. Französische Soldaten brachten die Zigarre nach Frankreich und Anfang des 18. Jahrhunderts nach Deutschland.

The second part of the thinges that are brought from the West Indias. Fol. 34.

Of the Tabaco, and of his great vertues.

THIS Hearbe which commonly is called *Tabaco*, is an Hearbe of much antiquitie, and knowen amongst the Indians, and in especially among them of the newe Spaine, and after that those Countries were gotten by our Spaniardes, being taught of the Indians, they did profite themselues with those thinges, in the woundes which they receiued in their Warres, healing themselues therewith to their great benefite.

Within these few yeeres there hath beene brought into Spayne of it more to adornate Gardens with the fairenesse thereof, and too giue a pleasaunt sight, then that it was thought to haue the meruelous medicinable vertues which it hath, but nowe we doe use it more for his vertues, than for his fairenesse. For surely they are such which doe bring admiration.

How it is sowne and how it groweth. It is growing in many partes of the Indias, but ordinarilie in moyst and shadowie places, and it is needfull that the grounde where it is sowen, be well tilled, and that it be a fruitefull grounde, and at all times it is sowen in the hot Countries. But in the colde Countries it must bee sowen in the Moneth of Marche, for that it may defende it selfe from the frost.

The

The proper name of it amongst the Indians is *Picielt*, *The name of it.* For the name of *Tabaco* is giuen to it by our Spaniards, by reason of an Ilande that is named *Tabaco*.

It is an hearbe that doeth growe and come to bee very *The description of it.* greate: many times too bee greater then a Lemmon tree. It casteth foorth one steame from the roote which groweth upright, without declining to any parte, it sendeth foorth

I 2 many

Nicotiane tabac.

H H H H
G G G
A B C
F F F F
E
L
D
fig. 1
fig. 2

fig. 2
fig. 1
G
M
L
B
D
C
E
A

fig. 1
fig. 4
fig. 8
fig. 7
fig. 5
fig. 6
fig. 3
fig. 2
a
b
c
D

1788 errichtete Schlottmann in Hamburg die erste deutsche Zigarrenfabrik.

Von der Heilpflanze entwickelte sich der Tabak allmählich zu einem Kraut, das geraucht wurde, und verbreitete sich in dieser Form schließlich in ganz Europa. Engländer, Holländer, Belgier, Franzosen und Deutsche schnupften, und seit Ende des 16. Jahrhunderts rauchten sie die Pfeife. Die erste »Kampagne gegen den Tabak« konnte nicht ausbleiben. Gestützt auf Ärzte, die die heilende Wirkung der Pflanze anzweifelten, belegte König Jakob I. von England den Tabak mit seinem Bannfluch. In einer Schrift von 1619 mit dem Titel *Misocapnos* (»der, der den Rauch haßt«) nannte er ihn »stinkendes Kraut«. Nach dem Beispiel Jakobs I. schwenkten die Herrscher, die bis dato das Rauchen am Hofe gefördert hatten, plötzlich um und begannen ebenfalls, Verbote auszusprechen. Von Papst Urban VIII. bis zum Zaren Michael III. Fedorowitsch, vom Schah von Persien Abbas I. bis zum ottomanischen Sultan Murad IV. bestraften die Herrscher aller großen Länder den Tabakgenuß mehr oder weniger streng. Während jenseits des Ärmelkanals die Zuständigen lediglich die Konfiszierung von Pfeifen und Tabaksbeuteln durchsetzten, erlitten die Raucher in den Ländern des Vorderen und Mittleren Orients oft schwere körperliche Züchtigungen; man schnitt ihnen die Lippen oder die Nase ab. Es gab Gerüchte, die selbst den großen Brand von Moskau 1650 auf einen mit brennender Pfeife eingeschlafenen Raucher zurückführen wollten. In Paris wurde der Verkauf von Tabak durch einen Erlaß streng verboten. Wirten, die schwarz mit Tabak handelten, drohte die Prügelstrafe oder das Gefängnis.

Doch diese Verfolgung währte

Diese Vista (links) stammt aus Amerika.
Die Tabakmanufakturen bilden eine abgeschlossene und fremde Welt, in der die gleichen Bewegungen mit stets gleichbleibender Sorgfalt unzählige Male wiederholt werden. Diderot stellte in seiner 1751–1772 erschienenen Enzyklopädie (linke Seite) einige Arbeitsschritte dieses Prozesses dar (von oben nach unten): Zunächst werden die Tabakblätter mit unendlicher Sorgfalt aus den Ballen entnommen, sodann in schmale Streifen geschnitten und schließlich zopfartig verflochten und aufgerollt.
In der Hoch-Zeit der Zigarre besuchten die Angehörigen der bessseren Kreise gerne die Tabakmanufakturen. So stellte der belgische Maler Léonard Defrance seine Staffelei in der Manufaktur von Lüttich auf, wo er zu einer ganzen Reihe von Gemälden inspiriert wurde (unten: eines dieses Gemälde).

Ab 1730 konnten die Manufakturen in Nordeuropa (rechts: die Manufaktur von Lüttich, wieder von Léonard Defrance gemalt) der Konkurrenz der Königlichen Manufakturen von Sevilla nicht länger standhalten, die Zigarren und Tabake von höherer Qualität anboten.
In den Vereinigten Staaten, Deutschland und Kuba werden viele Vistas nicht von den Zigarrenherstellern angefertigt, sondern von unabhängigen Druckereien (oben: eine Vista, in der für die Eintragung der Marke Platz gelassen wurde).

Die Herkunft der Zigarren wird durch das Siegel garantiert, das auf den Kisten befestigt ist (rechts: das Garantiesiegel einer holländischen Zigarre).
In dieser Vista (Mitte) verbinden sich Klassizismus und Exotismus.
In Frankreich wurde 1674 durch den Finanzminister Colbert das Tabakmonopol und eine hohe Tabaksteuer eingeführt. Die meisten europäischen Länder folgten diesem Beispiel und bekämpften verstärkt Schleichhändler und Schmuggler (unten: der berüchtigtste Schmuggler, der Franzose Mandrin). Im 19. Jahrhundert begannen

auch die Amerikaner sich für die Zigarre zu begeistern. Die Zahl der Fabriken (unten rechts) und Läden nahm dort ungeheuer schnell zu (rechte Seite: eine Manufaktur in Albany im Staate New York).

nicht lange. Die Finanzen der Königshäuser und die Gewinne der Händler waren schließlich wichtiger. Als die Finanzminister die Vorteile von Steuern und Abgaben entdeckten, wurden die Gesetze gegen den Tabak rasch geändert. Der Genuß von Tabak wurde nicht länger be-

straft. Königin Elisabeth von England ordnete an, auf jedes Pfund Tabak zwei Pence zu erheben. Durch einen Erlaß vom 17. November 1729 erhob Richelieu eine Einfuhrgebühr von 30 Sous für ein Pfund Tabak. Diese Steuern wurden schnell erhöht und je nach Herkunft der Pflanzen variiert. 1674 führte Colbert das Tabakmonopol ein. Er übertrug es der französischen Westindien-Kompanie bis zum Jahre 1730, dann fiel dieses Vorrecht den Generalsteuerpächtern zu. Der französische Minister fand viele Nachahmer. Noch vor Ablauf des 17. Jahrhunderts wurden in Rußland, England, Preußen und Italien ebenfalls Monopolsysteme errichtet. Dabei hatte Colbert nichts Neues erfunden: Das Königreich von Kastilien, Portugal, der Stadtstaat Venedig, der Vatikan sowie das Erzherzogtum Österreich hatten diese Maßnahme schon früher ergriffen. Und alle, die an der Vermarktung dieses neuen Produkts beteiligt waren, begriffen schnell, wieviel sie daran verdienen konnten: die Anbauer, die Hersteller, die Steuereintreiber und, damals unvermeidlich, die Schmuggler. Cartouche und Mandrin waren die berühmtesten unter ihnen. Mandrin wurde unter anderem dafür hingerichtet, daß er es gewagt hatte, Repräsentanten des Königs geschmuggelten Tabak anzubieten.

Die Erfindung der Zigarre. Die Besteuerung des Tabaks hatte zumindest einen Vorteil: Das Königreich Spanien konnte so seine Manufakturen errichten. Seit Mitte des 17. Jahrhunderts waren Tausende von Arbeitern in der Tabakverarbeitung beschäftigt. In Sevilla wurden 1676 die ersten Zigarren hergestellt. In der Folge verbreiteten sich die Zigarrenfabriken über die gesamte Iberische Halbinsel, jedoch sollte es noch bis 1731 dauern, bis die weltberühmten

BENJN. PAYN.
TOBACCONIST
TOBACCO, SNUFF & CIGARS
WHOLESALE & RETAIL
TOBACCO
SNUFF
& CIGARS
STORE
CIGARS
TOBACCO HOUSE
30 BENJN. PAYN 30 B. PAYN
BENJ. PAYN TOBACCONIST
JAMES STREET
STATE ST.
MAIDEN LANE
BROADWAY
STEUBEN ST.
COLUMBIA ST.
CRAFT & WILSON
STANWIX HALL
DELAVAN HOUSE
WEED, PARSONS & CO.
R.R. BRIDGE
R.R. DEPOT
BENJN. PAYN'S
STORE & 30 FACTORY
Maiden Lane
CORNER OF JAMES. ALBANY, N.Y.

Die Vistas haben die vielfältigsten Motive, von Porträts (unten) bis zu Landschaften (rechts).
Die Königlichen Manufakturen von Sevilla (unten rechts, 1866 von Gustave Doré gezeichnet) spielten für die Entstehung der Zigarrenkultur auf dem alten Kontinent eine wesentliche Rolle. Seit 1800 stellten 5000 Tabakarbeiter täglich Tausende von »puros« her, wie die Zigarren von den Spaniern genannt wurden.
Das Werbeplakat einer kleinen Zigarrenfabrik in der Vuelta Abajo, dem gesegneten Boden, auf dem der Tabak für die großen Havannas gedeiht (rechte Seite).

Königlichen Manufakturen von Sevilla gegründet wurden. Ihre Entwicklung verlief in einem atemberaubenden Tempo, und ab 1800 arbeiteten dort ständig an die 5000 Arbeiter; damals kam die Bezeichnung *puro* auf, dieser wunderbare Name, den die Spanier der Zigarre gaben.

Kein Volk in Süd- oder Mittelamerika hatte jemals Zigarren im heute verstandenen Sinne hergestellt. Die Ureinwohner rollten den Tabak in Blätter anderer Pflanzen ein. Erst nachdem man den Anbau rationalisiert sowie das Trocknen und die Fermentation des Tabaks entdeckt, entwickelt und zur Vollendung gebracht hatte, sah man sich in der Lage, Deckblätter (die äußere Hülle) herzustellen. Und auf diese Weise gelangte man schließlich zur »modernen« Zigarre. Ihre Existenz verdankt sie den Techniken, die es ermöglichen, die Einlage (den inneren Tabak der Zigarre) in ein Tabakblatt einzuhüllen, das die richtige Festigkeit dafür besitzt. Die Idee entstand in Spanien. Und da es keine Frage war, daß die Kolonialmacht den wirtschaftlichen Nutzen einer solchen Industrie für sich reservierte, teilte man Kuba lediglich die Rolle zu, als Lieferant für das Rohmaterial zu dienen. Seit dieser Zeit konnte sich das Zigarrerauchen ausbreiten; sehr rasch in Spanien und Portugal, etwas langsamer dann auch im übrigen Europa, abgesehen von Holland, das schon seit dem 17. Jahrhundert Tabak von seinen Kolonien bezog. Die anderen Länder des alten Kontinents importierten jedoch spanischen oder portugiesischen Tabak. So wurden die Häfen von Genua und Venedig zu den Umschlagplätzen für den Tabak- und Zigarrenhandel sämtlicher Königreiche Mitteleuropas.

Die früheste Erwähnung von *seegars* stammt aus dem Jahre 1731. Damals konnten sich die einfachen Spanier keine Zigarren leisten. Sie be-

TIP . TOP .
FABRICA DE TABACOS SUPER.ES DE LA VUELTA ABAJO.
DE
S. y S.
CALLE DE GERVASIO Nº 19
SUPERIOR SEGARS MANUFACTORY
of the best vuelta abajo tobacco
by S. & S.
Nº 19 Gervasio Street
HABANA
Lito de Cuenla y C.ª Lamparilla

Holländische Vista mit einem Medaillon der Königin der Niederlande, dem königlichen Wappen und dem Wappenspruch (rechts).
Die Schöpfer der Vistas kopierten häufig Gemälde und Stiche (unten: Vista, die eine Dueña darstellt, Stich aus dem 18. Jahrhundert).
Die Zigarre war nicht immer den Reichen und Mächtigen vorbehalten. Auf allen Märkten Westeuropas (rechte Seite, in Deutschland) boten fliegende Händler noch im vergangenen Jahrhundert Zigarren und Tabake zu niedrigen Preisen feil.

gnügten sich mit dem Ausschuß und rauchten geschnittenen Tabak, der grob in einfache Papierblätter eingerollt war, die man *papelitos* nannte. Die spanischen Fabrikanten ahnten nicht, daß sie so die Zigarette erfunden hatten, und es sollte noch bis zum Jahre 1830 dauern, bis diese in bedeutenderen Mengen auf den europäischen Märkten erschien.

Die Seeleute und Soldaten waren es, die der breiten Bevölkerung den Tabak, die Pfeife, die Zigarette und die Zigarre nahebrachten. In der Folge einer englischen Expedition nach Kuba tauchten 1762 die ersten Zigarren aus Havanna in Neuengland auf. Abgesehen von einigen eingeschmuggelten Stücken mußten die Europäer hingegen noch ein gutes Jahrhundert auf ihre ersten amerikanischen Zigarren warten.

Erst gegen Ende des 18. Jahrhunderts entwickelte sich die Zigarrenherstellung überall in Europa; die römische Kurie gewährte im Jahre 1779 dem deutschen Maler Peter Wendler eine fünfjährige Konzession, um in Rom eine Fabrik zu eröffnen; 1790 war eine erste Manufaktur in Preußen in Betrieb; die ersten amerikanischen Werkstätten entstanden 1810 in Connecticut. In Sevilla dagegen fand das goldene Zeitalter sein Ende. Alle Raucher des alten Kontinents hatten zuerst die außergewöhnliche Qualität des Schnupftabaks aus der andalusischen Stadt gepriesen. Ebenso hingerissen waren sie dann von der Kreation der »modernen« Zigarre. Und zu guter Letzt stellten sie fest, daß die aus Kuba importierten Blätter die lange Schiffsreise sehr schlecht vertrugen, während die wenigen Zigarren, die aus Havanna kamen, in tadellosem Zustand waren. Die ständig steigenden Ansprüche dieser Raucher führten schließlich dazu, daß eine neue Sorte von Konquistadoren entstand, nämlich die der Zigarrenindustrie. Einige Abenteuerlustige entschlossen sich, in jene Länder auszuwandern, wo diese göttliche Pflanze wuchs, und an Ort und Stelle die edlen Zigarren herzustellen, die dann im alten Europa die Raucher endlich zufriedenstellen würden.

Das war die Stunde, in der in Kuba die ersten *fabricas* entstanden.

ZIGARREN-PARADIES KUBA

PUNCH
GRAN FABRICA DE TABACOS
PUNCH
DE J. VALLE Y Ca
HABANA
MANUEL LOPEZ
MADE IN HAVANA, CUBA

BOLIVAR
FABRICA DE TABACOS
SUPERIORES
DE LA
VUELTA
ABAJO
HABANA
SIMON BOLIVAR

FABRICA DE TABACOS
DE
H. UPMANN
HABANA

Der erste Name, der in der Warenzeichenregisterstelle von Havanna eingetragen ist, lautet Bernardino Rencurrel, Datum: 1810. Im gleichen Jahr noch wird dort ein zweites Markenzeichen eingetragen, und zwar von einem H. de Cabanas y Carbajol.

Tatsächlich hatte in Kuba die lokale Produktion von Zigarren schon vor Mitte des 18. Jahrhunderts begonnen. Die Nachkommen der spanischen Kolonisten hatten den Anbau der Tabakpflanze weiterentwickelt, und nun wollten sie nicht länger ihre Blätter in das Mutterland schicken, sondern selbst versuchen, aus ihrem Rohmaterial das Endprodukt herzustellen.

Hatten die Pflanzer traditionell für ihren persönlichen Bedarf schon immer Zigarren hergestellt, so ermöglichte die rasche Entwicklung des Schiffstransportwesens diesen Landwirten aus Übersee, ihre Produkte im Ausland, besonders in den gerade entstehenden Vereinigten

Staaten, die von allen Seeleuten der europäischen Länder besucht wurden, bekanntzumachen. Dank der Dampfmaschine überflügelte die kubanische Zigarre in Europa die Zigarren aus Sevilla und sorgte so für den Niedergang der spanischen Manufakturen und den Aufschwung der kubanischen Fabriken.

Die edlen Marken. Die meisten der großen Markenfirmen Kubas wurden in der ersten Hälfte des 19. Jahrhunderts gegründet: Partagas im Jahre 1827; Por Larrañaga 1834; H. Upmann 1844; La Corona 1845; José Garcia kreierte Mi Fama por el Orbe Vuelta im Jahre 1830 und Julian Rovera die El Figaro im Jahre 1840; im gleichen Jahr ließ Manuel Lopez die Marke Punch eintragen. Und weitere Namen, noch heute berühmt, folgten: El Rey del Mundo (1848),

Romeo y Julieta (1850), Hoyo de Monterrey von José Gener, Ramon Allones, Belinda und Bolivar. Die berühmte Montecristo trat erst viel später auf.

Damals erlebte die Zigarre ihren ersten Boom. Der Hafen von Havanna war stets voller Dampfschiffe, die nur darauf warteten, wieder auszulaufen, um die ganze Welt mit den *puros* zu beliefern. Zahlreiche Nachkommen der Eroberer gründeten ihre eigene Marke – Status verpflichtet. Dieser Aufschwung ohneglei-

In Kuba belächelt man die Legende von den Zigarrenarbeiterinnen, die die Zigarren auf ihren nackten Schenkeln rollen (Seite 50), als die Phantasie der europäischen Dichter des 19. Jahrhunderts, die von den Schönen der Königlichen Manufakturen in Sevilla hingerissen waren.
In den Straßen von Havanna bieten fliegende Zigarrenhändler (Seite 51) wunderbare Stücke zu unglaublich niedrigen Preisen an. Diese Zigarren stammen nicht aus großen Fabriken, sondern aus kleinen privaten Werkstätten, die rund um die Pflanzungen entstanden sind.
1810 wurden die ersten großen kubanischen Marken gegründet, unter ihnen H. de Cabañas y Carbajol (oben). Innerhalb von knapp 50 Jahren erschienen all die Zigarren mit den magischen Namen auf dem Markt, wie Punch, Bolivar, H. Upmann, Ramon Allones, Romeo y Julieta und Por Larrañaga (beide Seiten).

Auf den internationalen Ausstellungen und den Weltausstellungen, die im 19. Jahrhundert Mode waren, errangen die großen Havanna-Marken die meisten Preise und Medaillen (unten rechts: Partagas). Der Absatz nichtkubanischer Zigarren (oben: eine deutsche, in Bremen hergestellte Marke) ging dadurch rapide zurück, und zahlreiche Fabriken mußten ihre Pforten schließen.

chen zeigte Auswirkungen in Kuba. Die Anbauflächen entwickelten sich, die Zahl der Fabriken nahm zu – die Zigarre eroberte die Welt.

Die traditionellen Marken aus Havanna nahmen an allen internationalen Ausstellungen teil, auf die sich in der zweiten Hälfte des 19. Jahrhunderts das Augenmerk richtete. Die Zigarren der Familie H. Upmann wurden 1865 und 1867 auf der Ausstellung in Paris, 1862 in London, 1866 in Porto, 1872 in Moskau, 1873 in Wien und 1893 in Chicago mit der Goldmedaille ausgezeichnet. Die Romeo und Julieta erhielt die Goldmedaille im Jahre 1885 in Antwerpen, 1889 und 1900 in Paris, 1897 in Brüssel sowie Ehrenurkunden 1868 in Brüssel, 1888 in Melbourne, 1894 in Antwerpen und 1898 in Jerusalem.

Etliche der damals gegründeten Marken verschwanden vor oder nach dem Ersten Weltkrieg, wie die Antilla Cubana, La Imperiosa, La Cimiente, Caruncho, Maria Guerrero, Petronio, Dragones, Sorellas, Señora Cubana. Andere wurden abgeschafft, als Fidel Castro an die Macht kam, etwa die Cabanas y Carbajol, Murias, Henry Clay, Farach, La Gloria Cubana und die so berühmte Villar y Villar, die immer hochbegehrt war und als die Zigarre gepriesen wurde, die sich am besten und am längsten hält, mindestens 20 Jahre, wie Fachleute versichern. Dann sind da noch die – sicherlich weniger berühmten – Marken, die die wirtschaftlichen und politischen Umwälzungen in Kuba überstanden: Die Quintero oder die Sancho Panza. Doch wer erinnert sich noch an die Gispert, Saint-Louis Rey, José El Piedra, Juan Lopez oder an die berühmten Regalia, die Stars unter den Zigarren des 19. Jahrhunderts? Kein Mensch! Man muß nun mit den modernen, jüngeren Marken rechnen, der Quai d'Orsay beispielsweise, nicht zu vergessen den letzten »Volltreffer«, der seit Castros Machtübernahme zugelassen wurde, die Cohiba.

Von dieser abenteuerlichen Entwicklung einmal abgesehen, bleibt das Jahr 1827 das Gründungsjahr der Geschichte der kubanischen Zigarrenmarken. In diesem Jahr richtete

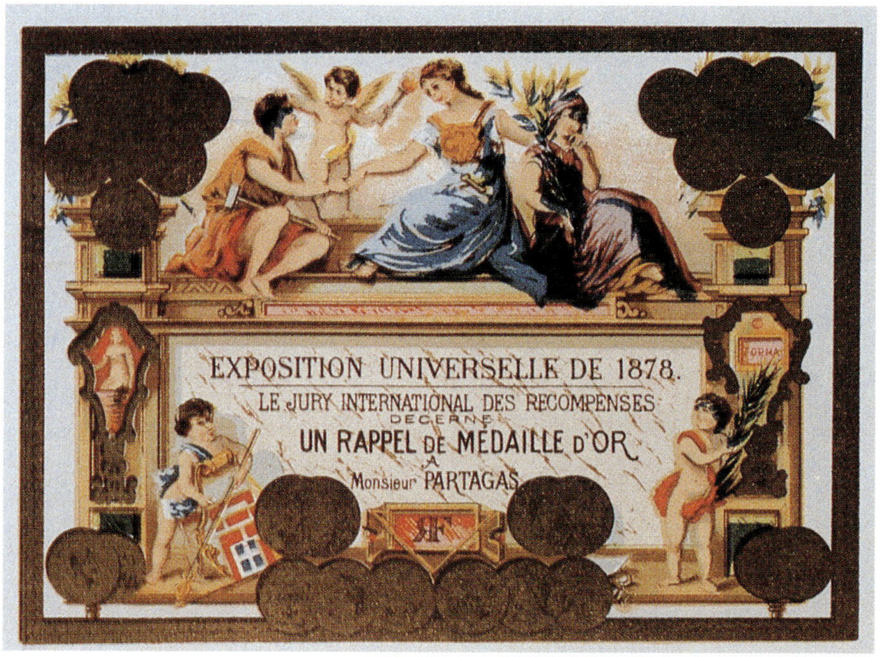

Don Jaime Partagas am Rande der Stadt Havanna die *Flor de Tabacos Partagas y Compaña* ein, und sie besteht dort noch heute. Mehr als eineinhalb Jahrhunderte danach ist dieses ehrwürdige, behäbige, quadratisch angelegte Bauwerk mit der von der Sonne rissig gewordenen weißen Fassade noch immer eines der schönsten Symbole der langen Geschichte edler Havannas. »Real Fabrica de Tabacos« – der ganze, durchaus legitime Stolz des Gründers ist in dieser Inschrift auf der Frontseite der Manufaktur ausgedrückt, deren Buchstaben doppelt so groß sind wie die des Firmennamens.

1850 erlebte diese Werkstätte eine Premiere in der Geschichte der sozialen Errungenschaften der kubanischen Zigarrenarbeiter: In der Fabrik am Rande der Stadt erschien ein Vorleser. In der Tat hatten die Zigarrenmacher ganz oben auf ihrer Beschwerdeliste angeführt, daß sie Zugang zur Kultur wünschten. Zehn Jahre danach war das Vorlesen von Werken berühmter Schriftsteller in allen Fabriken Havannas allgemein üblich und wurde später durch das Radio abgelöst, das zum erstenmal 1923 in der Manufaktur Cabanas y Carbajol eingeführt wurde.

Wird die Fabrik von Partagas heute als das Parthenon der Manufakturen von Havanna angesehen, so gilt die Fabrik der Romeo y Julieta, die einen Kanonenschuß entfernt von der Hafenfestung liegt, den Zigarrenliebhabern als Tempel der Diana, und immer, wenn sie eine edle Havanna rauchen, kommt ihnen die lange Geschichte dieser Fabrik in den Sinn. 1850 hatten Inocensio Alvarez und Manin Garcia die Marke Romeo y Julieta gegründet, 1903 wurde sie von Pepin Rodriguez aufgekauft. Dieser

Bei seiner Machtergreifung 1959 schaffte Fidel Castro alle großen Marken ab. Sie waren für ihn Symbole des »dekadenten Kapitalismus«. Als er diese absurde Entscheidung dann einige Jahre später rückgängig machte, waren manche der berühmtesten Marken unwiederbringlich verschwunden, wie z. B. die Flor de Farach (oben links), eine der herausragendsten Zigarren. Andere, wie La Gloria Cubana (oben) und Antilla Cubana (unten links), überlebten...

Die Vuelta Abajo mit ihrer außergewöhnlichen Erde, die sie zur Geburtsstätte der edelsten Tabake der Welt macht, nimmt nur 2 Prozent der Gesamtfläche Kubas ein. Hier werden in überlieferter Anbaumethode (links: Aufnahme aus den 30er Jahren) die besten Blätter erzeugt, die für die kostbarsten Zigarren der Welt bestimmt sind.
Eines der häufigsten Bildmotive der Vistas ist die Pflanzung mit ihren Menschen und ihrer Landschaft (unten: ein Pflanzer).

exzentrische Milliardär setzte sofort alles dran, das Hotel Capulet in Verona zu erwerben. Auch ein Name verpflichtet! Nach vielen Verhandlungen gelang es Pepin Rodriguez, eine Konzession für einen Tabakstand in der Eingangshalle zu bekommen, jedoch unter einer Bedingung: Er sollte jedem neuen Gast eine Zigarre anbieten. Diese an sich bedeutungslose Anekdote zeigt, wie alles dafür getan wurde, damit die Havanna ihren Eroberungszug um die Welt antreten konnte.

Partagas und Rodriguez sind nur zwei Beispiele aus der Reihe der Tabakmagnaten des 19. Jahrhunderts. All jene, die damals eine Marke gründeten, trugen ihren Anteil zum Ruhme der kubanischen Zigarre bei. Diese Pioniere des modernen Zeitalters der Zigarrenherstellung – die Technik hat sich seither kaum geändert – führten in Kuba die gleiche wirtschaftliche und technologische Revolution durch, wie es seit etwa 15 Jahren im Weinanbau von Bordeaux jene neuen Anleger tun, die eine Reihe der größten Châteaux erworben haben. Die Hersteller Manuel Lopez (Punch), José Gener (Hoyo de Monterrey), Alfredo Nogueira (El Veguero), J. F. Rocha (La Gloria Cubana) und andere haben den Ta-

In Kuba bilden die Zigarrenarbeiter (rechte Seite) – und speziell die Zigarrenmacher – eine Elite, für die besondere Regeln gelten. Im Jahre 1850 erstritten sich die Arbeiter von Partagas (rechts oben: Kisten dieser Marke) als erste Zugang zur Kultur: Während der Arbeit las ein Vorleser (oben und rechts) aus einem Roman vor; oft waren es Werke von Victor Hugo. 140 Jahre später gibt es diesen Vorleser noch immer. Heute liest er aus der *Granma* vor, der Zeitung der kommunistischen Partei Kubas, und wird dabei immer wieder vom Radio mit amerikanischen »Hits« abgelöst.

An der Fassade der Fabrik Partagas (rechts) ist noch immer die Inschrift »Real Fabrica de Tabacos« zu lesen. Wie die Vistas, die die Zigarrenkisten innen schmücken (rechte Seite), ist auch die Bauchbinde, die man im vergangenen Jahrhundert erfand, zu einem Sammlerobjekt geworden. Manche (oben: der Namenszug des Kaisers Bao-Dai) wurden speziell für die Mächtigen dieser Welt entworfen, andere wieder werden serienmäßig hergestellt (wie oben: Roosevelt). So gibt es 250 verschiedene Bauchbinden, die Edward VII. darstellen, und 400 Porträts von Bismarck (ganz oben).

bakanbau und die Zigarrenherstellung miteinander verbunden. Auf diese Weise können sie die Qualität ihrer Produkte von der Aussaat bis zur Verpackung kontrollieren und wirklich edle Zigarren schaffen. Noch heute liefert die Plantage, die José Gener in San Juan y Martinez in der Vuelta Abajo anlegte, die edelsten Blätter Kubas, insbesondere die besten Deckblätter.

Die Bauchbinden. Der Mann jedoch, der zweifellos am meisten dazu

beigetragen hat, daß die Zigarre in der ganzen Welt solche Begeisterung auslöste, war weder Kubaner noch Spanier, noch Portugiese, sondern Holländer. Im Jahre 1850 hatte der Händler Gustav Bock den genialen Einfall, die Havannas mit Bauchbinden zu versehen und so seine Zigarren von den anderen Marken zu unterscheiden. Damit brachte er einen Stein ins Rollen. Kein Staatsoberhaupt, kein Herrscher, keine bedeutende Persönlichkeit auf der Welt, die nicht ständig versuchte, ein Stück mit dem eigenen Namen oder, noch besser, mit dem eigenen Bildnis auf der Bauchbinde zu ergattern; von Kanzler Bismarck über die britischen Herrscher und zahlreiche Milliardäre bis zu König Faruk von Ägypten ließen sie alle ihre bevorzugten Zigarren mit Bauchbinden schmücken. Diese Marotte wurde oft zur Manie, und viele Sammler begannen, überall Jagd auf diese Bauchbinden zu machen, die so viele Liebhaber der Havanna inspirierten, nicht zuletzt die Dichter.

Doch das genügte noch nicht. Die Großen und Mächtigen verlangten bald von den Produzenten, ihnen Zigarren für ihren alleinigen Verbrauch herzustellen. Der spanische Hof hatte sich schon die Zigarre reservieren lassen, die als die beste von allen galt, die Regalia. Auch der spanische

FALLIÈRES

Président Poincaré

El Victor

Während des Ersten Weltkriegs wurde in vielen Vistas die Tripelentente gefeiert (oben).
Als Fidel Castro, der selbst ein starker Raucher war, beschloß, die großen Marken abzuschaffen, widersetzte sich Ernesto »Che« Guevara, der berühmteste seiner Gefährten (rechte Seite), mit Hartnäckigkeit dieser Maßnahme; er hielt sie nicht nur wirtschaftlich für absurd, sondern auch für einen Eingriff in die Kulturtradition Kubas, in der die Zigarre eine bedeutende Rolle spielte. Einige Jahre später akzeptierte Castro schließlich Ches Standpunkt.

Klerus genoß ein Vorrecht: Seine Zigarren wurden in Kuba von Priestern aus Tabak hergestellt, der von Mönchen angebaut und ausgewählt worden war; das Ergebnis war eine außergewöhnliche Zigarre, deren Dicke von den Chronisten der Zeit hervorgehoben wurde. Jede große Marke rühmte sich, die berühmtesten Kunden zu haben, die anspruchsvollsten Zigarrenliebhaber zu ihren Bewunderern zu zählen. Der Aufschwung der großen Zigarrendynastien ging auf Kosten der spanischen Konkurrenz; die Werkstätten in Sevilla mußten im Jahre 1900 schließen. Dennoch empfanden die Spanier nie die geringste Bitterkeit gegenüber den Kubanern, sondern wurden rasch ihre besten Kunden, und noch heute importieren sie durchschnittlich 40 Millionen Zigarren pro Jahr. Respektbezeugung des großen Kenners für den außergewöhnlichen Produzenten.

Im Jahre 1935 schuf die Familie Menendez, Besitzerin der H. Upmann, die Marke Montecristo als Hommage an den Grafen von Montecristo, den Alexandre Dumas als großen Zigarrenliebhaber dargestellt hatte. Die Familie Palacio brachte die Punch und die Hoyo de Monterrey in ihren Besitz und erwarb über diesen Umweg die besten Böden von San Luis und San Juan y Martinez. Zur gleichen Zeit gewann die große Gesellschaft Tabacalera Americana die Kontrolle über sechs wichtige Marken. Und im Jahre 1928 taten sich zwei amerikanische Geschäftsleute zusammen, um die berühmte Marke Rafael Gonzalez auf allen Märkten durchzusetzen.

Der Erste Weltkrieg und der Börsenkrach von 1929 sorgten für das Ende dieser Expansion und für ein deutliches Absinken des Zigarrenverbrauchs. Eine Ausnahme machten Spanien, wo in allen Gesellschaftsschichten weiter geraucht wurde – so tief war dort seit zwei Jahrhunderten die Zigarrenkultur verwurzelt –, und die Vereinigten Staaten, die zu reich waren und zu nahe bei Kuba, als daß sie auf die 20 Millionen Stück, die jährlich eingeführt wurden, verzichtet hätten.

Die Revolution. Der weltweite Konsum kubanischer Zigarren nahm gegen Ende der 50er Jahre wieder seinen alten Umfang an. Die Machtergreifung Fidel Castros am 2. Januar 1959 stellte jedoch erneut alles in Frage. Am Tag nach der Landung der Genossen Che Guevaras in der Schweinebucht entfloh der Diktator Batista nach Santo Domingo, auf dem Fuße gefolgt von den Besitzern der sechs Marken der Tabacalera Americana. Pflanzer, Zigarrenhersteller, Agrarwissenschaftler und Ingenieure vergaßen ihre Liebe zum Tabak und kümmerten sich nur noch um die politische Lage. Dieser »Verrat« bekräftigte nur noch die von Castro getroffene Entscheidung: Verstaatlichung der Produktionsmittel in der Zucker- und Tabakindustrie und Anwendung der Prinzipien einer streng marxistischen Ökonomie gegenüber der Zigarre. Solche Maßstäbe aber vertragen sich nun einmal nicht mit der Herstellung von Luxusgütern, bei denen höchste Qualität unabdingbar ist.

Als der kubanische Führer ankündigte, daß »die Zeit der Marken vorbei ist«, herrschte allgemein Bestürzung. Innerhalb eines Tages waren allein durch eine politische Entscheidung so kostbare Marken wie Henry Clay, La Corona, Cabanas y Carbajol, Murias und Villar y Villar für immer aus den Reihen der edlen Havannas verschwunden. Um das Maß voll zu machen, verfügte Castro, daß

José Gener schuf zwei der kostbarsten kubanischen Marken: Hoyo de Monterrey und La Escepcion (rechts). Nach einer Ruhepause in riesigen Schubläden (rechte Seite), während der die Zigarren einen Teil ihrer Feuchtigkeit verlieren sollen, werden sie in Kisten gepackt. Zur Bekämpfung des Handels mit falschen Havannas wird jede Kiste von den kubanischen Behörden mit einem Garantiesiegel versehen, das an seiner grünen Farbe leicht zu erkennen ist (unten rechts).

auch die hinreißenden farbigen Verzierungen auf den Havannakisten zu verschwinden hatten. Desgleichen die Bauchbinden. Es schien, als seien die kubanischen Revolutionäre davon überzeugt, mit diesem Gemetzel die Abschaffung des Kapitalismus zu betreiben. Die Fabrik, die die H. Upmann und die Montecristo produzierte, wurde nach dem Dichter José Marti umbenannt, der den Volksaufstand von 1895 angeregt hatte und dessen Werke in den Fabriken immer vorgelesen wurden.

Unter Batista hatte es 960 verschiedene Zigarren im Handel gegeben. Castro wollte ihre Zahl auf vier reduzieren und verlangte, daß dies sofort geschehe. So gab es dann nur noch eine einzige sogenannte Volkszigarre, die Siboney, die nach einem kubanischen Volkshelden benannt war und in vier Formaten hergestellt wurde. Für die Havanna war das eine Katastrophe. Die Siboney, die noch heute in Kuba produziert und geraucht wird, kam niemals über die Grenzen der Insel hinaus. Die Raucher im Ausland weigerten sich beharrlich, sie zu kaufen. Wie würde wohl ein Bordeaux-Kenner reagieren, wenn eine Staatsmacht ohne Vorwarnung und für immer die Margaux, Latour, Haut-Brion, Lafite, Mouton oder Yquem abschaffen wollte und ihm dafür einen einzigen Universal-Bordeaux anböte! Immerhin könnte er noch zum Burgunder übergehen. Bei den Zigarren jedoch gab es keine Alternative.

Doch dann stoppten die kubanischen Machthaber plötzlich aus unerfindlichen Gründen ihr Programm. Sie überließen die Böden zum Großteil – zu fast 90 Prozent – den kleinen Bauern. Eine spektakuläre Entscheidung, denn sie widersprach allen Prinzipien der Politik Castros. Nur die großen Pflanzungen, wie die der Familie Palacio, blieben kollektives

26/6/86

Die Porträts von fünf Präsidenten der Vereinigten Staaten schmücken diese Vista (oben).
Die Hauptflächen der Tabakerzeugung in Kuba (rechts). Die Tabakpflanze wird auf einem großen Teil des kubanischen Territoriums angebaut. Dabei ist die Vuelta Abajo in der Provinz Pinar del Rio im Westen des Landes die hervorragendste Anbauzone, berühmt für die ganz außergewöhnliche Qualität des Tabaks. Die anderen Hauptanbauzonen sind die Semi-Vuelta, Partido, Remedios und Oriente.

Eigentum und wurden als Staatsgüter betrieben. Der Tabakanbau war also vor der Katastrophe gerettet. Für die Zigarre selbst traf das noch nicht zu.

Die neuen kubanischen Machthaber entschlossen sich nun, den damals bekanntesten Zigarrenhändler, Zino Davidoff, um Rat zu bitten. Sie suchten ihn in seinem Laden in Genf auf und baten ihn um seine Meinung. Sie waren dann so vernünftig, seine Ratschläge zu beherzigen und die Rehabilitierung der meisten Marken und Arten zu akzeptieren. Die Cubatabaco, eine staatliche Gesellschaft, die das Monopol für die Zigarrenherstellung in Kuba besaß, stellte nach und nach schließlich wieder über 300 Sorten her, die die Bauchbinden der größten Marken trugen und die seit über einem Jahrhundert die anspruchsvollsten Raucher zufriedengestellt hatten. Von 1960 bis 1964 hatten die Zigarren eine miserable Qualität. Und die Fachleute in der ganzen Welt waren nicht überzeugt, daß die jungen Spezialisten von Cubatabaco imstande wären, die einzige Schlacht siegreich zu schlagen, auf die es ankam, nämlich die um die Qualität. Der ausgezeichnete Jahrgang aus der Ernte 1964/1965 – der beste seit 1958/1959 – machte aller Polemik ein

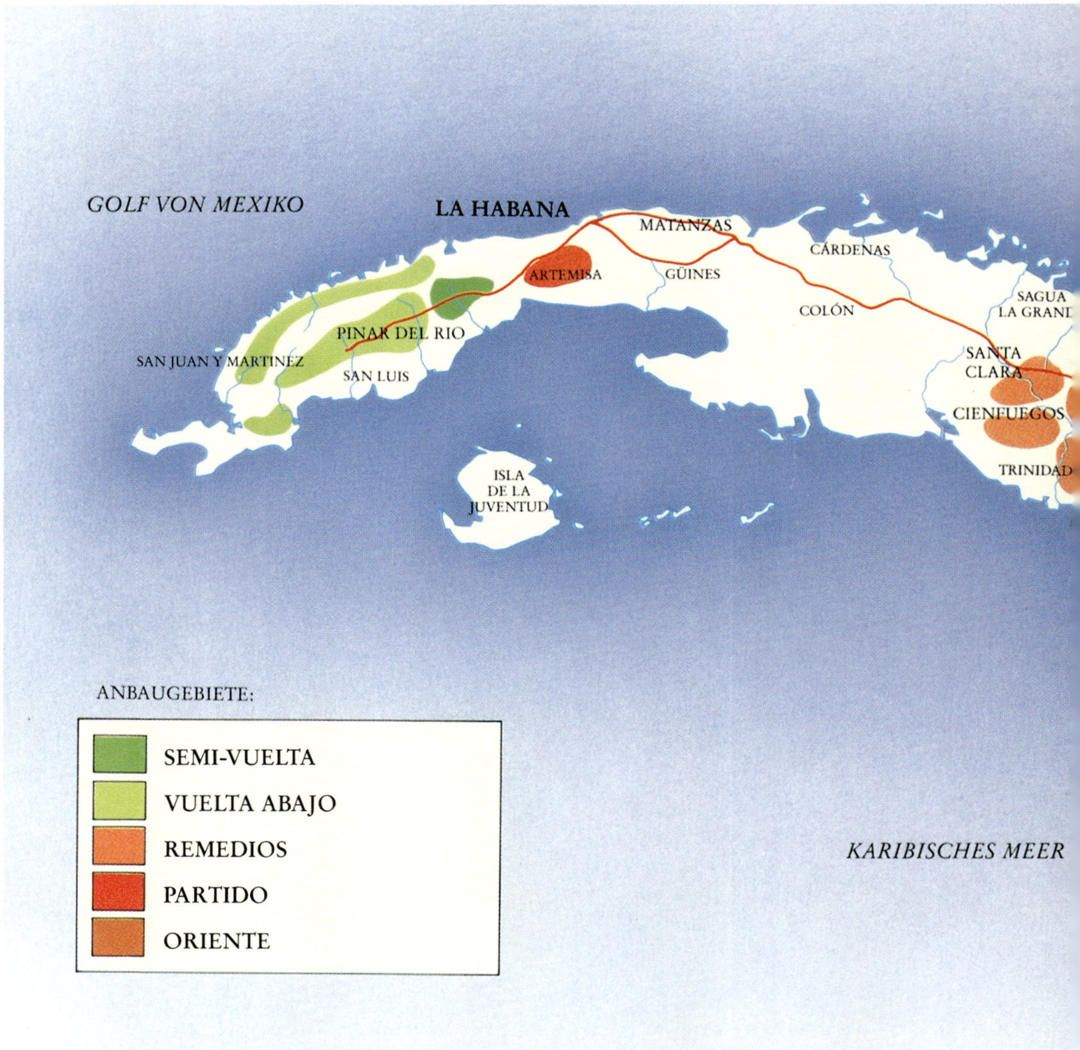

Ende. Die kubanische Zigarre hatte wieder ihr höchstes Niveau erreicht. Sie war wieder auf ihrem gewohnten, dem ersten Platz.

Die Cohiba. Alle Kubaner, ob sie aus der Welt der Politik oder der des Tabaks kommen, bestätigen einstimmig, daß seit ihrer Erschaffung »die Cohiba wahrhaftig die beste Zigarre der Welt ist«.

Eine solche Übereinstimmung bedarf der Erklärung. Die ersten Cohibas wurden 1981 hergestellt. Seither wurde Fidel Castro nie ohne seine Cohiba fotografiert, die längste, die Lanceros, eine Panetela fina. Die Cohiba Coronas especiales gleicht einer schlanken Corona, und die Cohiba Panetela ist eigentlich eine Chico.

Für die Herstellung dieses Wunders wählten die Verantwortlichen von Cubatabaco die Fabrik Laguito Uno, die nämliche, in der schon die Davidoff hergestellt wurden. Und dort liegt zweifellos das Geheimnis hinter Türen, die jedem verschlossen bleiben, verborgen. Selbst die Vertreter von Davidoff International mußten sich gebührend ausweisen, bevor sie in das Allerheiligste eintreten durften, und auch sie konnten nie bis in den Teil vordringen, der der Herstellung der Cohibas vorbehalten ist.

Als Castro beschloß, die großen Marken aus der Zeit vor der Revolution wieder einzuführen, hielt er es für unumgänglich, auch eine neue »nachrevolutionäre« Marke auf den Markt zu bringen: die Cohiba (rechts), die seit 1981 in mehreren Formaten im Handel ist. Seitdem ist sie für die Kubaner die beste aller ihrer Zigarren. Ramon Castro, Fidels älterer Bruder (unten), raucht wie alle führenden Kubaner in der Öffentlichkeit keine andere Zigarre mehr als die Cohiba. Eine außerordentliche Präzisionsarbeit, auf den Millimeter genau: die Sortierung der Zigarren nach der Größe (rechte Seite).

Nach Meinung der kubanischen Spezialisten rührt die außergewöhnliche Qualität der Cohiba von zwei wesentlichen Faktoren her: einer äußerst strengen Auswahl der Blätter, die schon vor dem Pflanzen mit der Wahl des richtigen Bodens, der Sämlinge und des Samens beginnt; der Rest ist ein Geheimnis, wie uns Sabino Fajardo, der einst Leiter der Exportabteilung der Cubatabaco war, sagte. Und dies bestätigen auch die Direktoren der Coprova, der Gesellschaft, die die Havannas nach Frankreich einführt: »Das Geheimnis besteht in der Art, wie die Tabake in der Zigarre gemischt sind.«

So beruht die Qualität der Cohibas unter anderem auf der Auswahl der besten Blätter und Jahrgänge. Der Tabak, den sie enthält, stammt aus mindestens drei, ja manchmal aus bis zu sechs Ernten.

Ein wahrer Zigarrenfreund ist es sich schuldig, sie zu probieren. Natürlich bleibt jedem das Urteil selbst überlassen, und vor allem der Genuß. Die Lanceros ähnelt einer Especial von Montecristo. Und auch wenn die Kubaner betonen, daß sie stärker ist als die Davidoff, so hat sie doch nichts von einer Maduro. Ihre Wickeltechnik ist dagegen vollkommen: Diese Panetela zieht genauso gut wie eine Corona. Hut ab!

Woher diese Einigkeit über die Cohiba? Die Kubaner wollten einfach in bezug auf Spitzenqualität und Luxus den Davidoff und Dunhill das Feld nicht alleine überlassen. Und vor allem ist die Cohiba die einzige kubanische Marke, die die Kubaner seit der Revolution neu eingeführt haben. Als solche stellt sie ein wichtiges Symbol dar. Für die Kubaner steht die Cohiba also ebenso aus politischen wie aus Qualitätsgründen an erster Stelle.

Die großen Havannas von heute stehen den Havannas aus der Zeit vor Castro in nichts nach. Manche sind zweifellos sogar noch besser, denn die Techniken, die in den verschiedenen Stadien der Herstellung wesentlich sind, werden heute besser beherrscht. Was immer auch alle anderen Hersteller dazu sagen und welche großen Verbesserungen sie auch in ihren Pflanzungen eingeführt haben mögen, die Havannas sind noch immer, und zwar mit Abstand, die besten Zigarren der Welt.

PARTIDO
COMUNISTA
DE CUBA
ALICIA

001

DIE ENTSTEHUNG EINER ZIGARRE

Hecho a mano: Handgemacht. Dieser Hinweis findet sich auf jeder Kiste edler Zigarren eingraviert und ist mehr als eine Garantie. Er bezeugt vor allem die Echtheit des einzigen in so großer Zahl hergestellten Produkts in der heutigen Welt, das noch ausschließlich von Menschenhand stammt, durch das nicht ersetzbare Können menschlicher Hände entstanden ist. Und das ist es, was jedem Exemplar seinen einzigartigen Charakter verleiht.

Mehr noch als beim Wein ist die Herstellung der besten Zigarren ein Bereich, in den die Maschine nie eindringen konnte, und dies gilt für jeden Arbeitsgang, vom Pikieren bis zum Verpacken in Kisten. Denn die Zigarre und der Wein sind die letzten Erzeugnisse menschlicher Arbeit, Erfahrung, Hingabe und Liebe.

Es ist ebensoviel Kunst und Mühe, Sorgfalt und Hingebung, Erfahrung und Technik, Geduld und Geschicklichkeit nötig, um eine edle Zigarre zu fertigen, wie zur Erzeugung eines Château Margaux. Man muß die besten Pflanzen auf die am besten geeigneten Böden bringen, man benötigt ein Klima, bei dem Sonne, Wärme und Feuchtigkeit ideal zusammentreffen, man muß im richtigen Augenblick pflücken und die Blätter mit Erfahrung und Sachverstand trocknen und sortieren, um einen Spitzentabak zu erzeugen – in den *vegas* der Vuelta Abajo.

Den ausgewanderten Kubanern, die nicht nur die Pflanzen, sondern auch die berühmte rote Erde in andere Breitengrade, andere Kontinente mitgenommen hatten, gelang es nie, eine zweite Vuelta Abajo zu erschaffen. Die edlen Tabake der Insel können unter keinem anderen Himmel wachsen und gedeihen als dort, wo sie herstammen, in diesem magischen Dreieck, das nur 2 Prozent des gesamten kubanischen Bodens ausmacht. Die Vuelta Abajo ist ein wahres Kleinod. Einige Kilometer weiter östlich haben die Pflanzungen schon eine deutlich niedrigere Qualität. Der Samen der kubanischen Pflanzen ist von allen Tabaksorten der Welt der kleinste. Niemand hat je feststellen können, ob diese Besonderheit die Endqualität der Pflanze beeinflußt, und die Kubaner hüten sich, dieses Geheimnis zu lüften. Eifersüchtig halten sie alle Informationen über die Herstellung der Zigarren zurück. Wir wissen gerade noch, daß sie ihren eigenen Samen züchten. Jede Farm – die *finca* – besitzt Felder mit Pflanzen, die eigens der Samenproduktion dienen.

Das Leben des kubanischen Bauern ist entweder durch den Wachstumsprozeß der Zuckerrohrpflanze bestimmt oder durch den der Tabakpflanze. Der Tabakpflanzer bereitet Ende August die feine rote Erde der Vuelta Abajo vor, die warm und sandig, ja manchmal so fein ist, daß sie an Puder erinnert. Dies ist die am besten geeignete Erde auf der ganzen Welt, um Tabakpflanzen für die Herstellung von Zigarren anzubauen.

Von dieser Vorbereitungsphase an sind die Pflanzer – die *vegueros* – sehr strengen Hygienemaßnahmen unterworfen, um jegliche Verschmutzung oder Verseuchung der Pflanzen zu verhindern. Wie im Schwimmbad, wo man nicht, ohne das Fußbecken zu durchqueren, zum eigentlichen Schwimmbecken gelangt, müssen die Pflanzer durch eine Art Klärbecken hindurch, in dem sie ihre Schuhe reinigen. Dann waschen sie sich sorgfältig die Hände, und erst danach haben sie die Erlaubnis, den Boden der Anpflanzung selbst zu betreten. Und

Die Formen der Vistas sind sehr unterschiedlich, wenn auch die rechteckigen und ovalen die üblichsten sind (Seite 71).
Die einzigen beiden Werkzeuge des *torcedor,* des Zigarrenmachers: das Eichholz und das Zigarrenmesser (Seite 70).
In den Pflanzungen der Vuelta Abajo muß jede Tabakpflanze im Prinzip 16 bis 17 Blätter hervorbringen; die schönsten werden als Deckblätter verwendet (linke Seite).
An jeder Tabakpflanze, die in Blüte steht (oben), lassen sich von unten nach oben sieben Etagen mit Trieben unterscheiden. Die Blätter der ersten Etage, die am wenigsten Sonne bekommen, werden zu leichten Einlagen verarbeitet; die Blätter der nächsten vier Etagen werden als Deckblätter verwendet, und die Blätter der beiden obersten Etagen ergeben die stärksten Tabake.

Die begehrtesten Blätter der Vuelta Abajo (rechts) wachsen in den Gemeinden San Luis und San Juan y Martinez, wo der Boden sandig ist. Dieses Gebiet allein erzeugt bereits 40 Prozent der gesamten Produktion Kubas.
Das optimale Wachstum der Tabakpflanzen in der Vuelta Abajo erfordert ständige Überwachung. So müssen etwa einen Monat nach dem Pikieren die Stämme verschnitten und die Seitentriebe am Fuß der Pflanze pinziert werden, damit ihre ganze Kraft in die Entwicklung der Aromastoffe der Blätter gehen kann (unten).

diese gewissenhafte Reinigung wiederholt sich Tag für Tag.

Der Anbau der Pflanzen. Schon in den Samenzuchtfeldern entscheidet sich zum erstenmal das Schicksal einer Zigarre. Mitte September ist Aussaatzeit, und zwei Wochen später werden die ersten Schößlinge pikiert.

Das wirkliche Pflanzen beginnt Anfang Oktober. Zuerst werden die Pflanzen für das Deckblatt gesetzt, die etwa 90 Tage bis zur Reife brauchen, während diejenigen für die Einlage nur 45 bis 70 Tage benötigen. Die sogenannten »grünen« Deckblätter sind Blätter, die lange vor der Reife gepflückt wurden, etwa 45 Tage nach dem Pikieren. So bleibt nach der Trocknung diese ihre besondere Farbe erhalten, die heute zwar etwas aus der Mode gekommen ist, einst jedoch von vielen Rauchern bevorzugt wurde, besonders von Amerikanern.

Das Wachstum wird ständig beobachtet. Die *vegueros* zählen nicht mehr die Arbeitsstunden bis zum Ende der Ernte. Jede Tabakpflanze wird an ihrem Fuß umhäufelt, und die Beobachtung der Stengel und der Ausbildung der Blattrippen gibt genauere Auskunft über die Entwicklung der Pflanze als komplizierte Untersuchungen. Je mehr die Blätter sich der Reife nähern, desto mehr verlieren sie ihren Flaum und werden leuchtend grün. Sie müssen auf den Tag genau gepflückt werden, damit die gewünschte Qualität und vor allem die gewünschte Stärke des Tabaks erreicht wird.

Die Ernte beginnt Anfang Januar und dauert bis Ende März/Anfang April, je nach Einpflanzzeit. Der Tabakanbau zieht sich also über sieben Monate hin, von September bis März. In Kuba werden zwei Pflanzenarten angebaut: die *corojo,* die nur für die Deckblätter bestimmt ist, und die *criollo del sol,* die die Blätter für die Einlage und manchmal auch für das Umblatt liefert, das sich unter

Die *vegueros,* die Pflanzer, haben die Aufgabe, jeden Arbeitsschritt der Tabakerzeugung zu überwachen. Das ganze Jahr über sind sie beschäftigt, beim Anbau in den Samenkulturen (oben links), beim Auflockern des Bodens zwischen den Pflanzen (unten) bis zum Pflücken (linke Seite). Und in den Zwischenphasen überprüfen sie das Wachstum der Tabakblätter (unten links).

dem Deckblatt befindet. Der Ertrag variiert, je nachdem, ob es sich um Deckblätter handelt (40 Doppelzentner pro Hektar) oder um Einlageblätter (33 bis 37 Doppelzentner pro Hektar). Der Unterschied rührt dabei von der Höhe der Pflanzen und der Größe der Blätter her.

Die Plantage. Die Plantage Hermano Saiz, die zweitgrößte *finca* Kubas, liegt 22 Kilometer von Pinar del Rio entfernt, der Hauptstadt der östlichen Inselprovinz, in San Juan y Martinez, das mit San Luis einen der besten Böden der Vuelta Abajo aufweist. Auf 1350 Hektar – das entspricht 100 *caballerias,* einer Flächenmaßeinheit von 13,5 Hektar – wird hier Tabak angebaut. Und es kommen noch 2 *caballerias* (27 Hektar) hinzu, die der Samenaufzucht vorbehalten sind. Sind dort das ganze Jahr über 1200 Arbeiter und 17 Landwirtschaftsingenieure beschäftigt, so drängen sich dort während der Erntezeit 3500 Menschen.

Von den 1350 Hektar der *vega* Hermano Saiz werden auf 340 Hektar die Deckblatt-Pflanzen angebaut. Das ist das größte Feld dieser Art auf der ganzen Erde: eine Welt für sich. Jede der 25 *caballerias* stellt eine Einheit dar, nach allen Seiten hermetisch abgeriegelt und behütet wie ein Augapfel, bedeckt von einem gigantischen Tüllschleier, der zwischen Pflöcken gespannt ist, damit die Sonne nicht die Blätter verbrennt und der Wind sie nicht beschädigt. Diese *tapados* gehören zu den verblüffendsten landwirtschaftlichen Gegenden der Welt. Von oben gesehen wirken sie wie Schneefelder, die sich durch das grüne Gebüsch der Kapokbäume schlängeln, dieser »Wollbäume«, die eine Art Flockenwolle hervorbringen, die zum Füllen von Matratzen dient. Und wie Wachtürme ragen aus dem weißen Meer nur die Dachspitzen der *casas de tabaco,* der kleinen Holzschuppen, in denen die Blätter sofort nach dem Pflücken getrocknet werden. Unter der Milchstraße der *tapados,* in diesen blaugrünen Reihen, herrscht ein gedämpftes und unwirkliches Licht, eine gleichzeitig strahlende und gedämpfte Atmosphäre wie am Rande des Urwaldes. Der Eindruck läßt sich

Nach dem Pflücken werden die Tabakblätter sofort in die *casa de tabaco* gebracht (unten links und rechts), wo sie zur ersten Trocknung einige Wochen bleiben.

wirklich schwer in Worte fassen, weil jeder diese Atmosphäre anders wahrnimmt. Unter dem durchscheinenden Dach der *tapados* vollzieht sich das erste Mysterium, wird die erste Schlacht um die Qualität des Tabaks geschlagen. Hier werden die köstlichsten und die schönsten Zigarren gezeugt.

Ist die Ausgewogenheit von Sonneneinstrahlung, Temperatur und Feuchtigkeit für die Reifung des Tabakblattes zur Vollkommenheit wesentlich, so ist nichts so schädlich für die Pflanze wie ein Zuviel eines dieser Faktoren. Zuviel Regen ist in den Augen der Pflanzer die größte Gefahr. Er zerstört den Tabak, und so verfolgen alle fachkundigen Raucher aufmerksam das Klima, um daraus Schlüsse auf die Stärke und die Würze der nächsten Ernte zu ziehen. Der älteste kubanische Text über den Tabakanbau stammt aus dem frühen 17. Jahrhundert. Es ist der Brief eines gewissen Demetrio Pela, der von den Kanarischen Inseln eingewandert war und dem ein Indianer mit dem Namen Erioxil Panduca, ein Pflanzer, den er zu seinem Teilhaber gemacht hatte, einst anvertraut haben soll: »Durch die Kraft der Götter braucht der Tabak jeden Monat nur zweimal Regen. Zuviel Wasser nimmt ihm die Süße.«

Ebenso wie die Auslese der Trauben bei der Ernte oder das parzellenweise Ernten für die Entstehung eines wirklich großen Weines uner-

Auf Stelzen bewegen sich die *vegueros* fort, wenn sie die riesigen Tüllschleier, die *tapados* (oben links), über ein Tabakfeld spannen. Die Schleier tragen dazu bei, das ausgewogene Verhältnis von Sonneneinstrahlung, Temperatur und Feuchtigkeit herzustellen, das für die vollkommene Reifung der Tabakblätter notwendig ist (unten links). In der Pflanzung ist die *casa de tabaco,* auch Trockenschuppen genannt (oben), eine heilige Stätte, zu der nur einige Spezialisten Zutritt haben.

Alleen mit königlichen Palmen auf den *fincas* der Vuelta Abajo (rechts) erinnern an die vergangene Pracht der Pflanzungen. So entstehen durch den Tabakanbau faszinierende, reizvolle Landschaften (das milchige Licht in den *tapados,* unten).

läßlich ist, so ist auch die Auswahl der Tabakblätter beim Pflücken entscheidend für die Qualität einer Zigarre. Stärke, Würze und Geschmack eines jeden Tabaks werden durch diese erste und entscheidende Etappe in der Pflanzung bestimmt, die das Pflücken und die Auswahl der Blätter, das Trocknen und die erste Fermentation umfaßt. Die Stärke eines Tabaks hängt unmittelbar von der Kraft und der Dauer der Sonneneinstrahlung auf das Blatt ab. Je später das Pflücken erfolgt, desto stärker wird der Tabak. Je höher die Blätter an der Pflanze sitzen, desto mehr Sonne bekommen sie, und desto stärker wird der daraus gewonnene Tabak.

Das Pflücken. Es werden sorgfältig, eins nach dem anderen, etwa 6 bis 17 Blätter pro Pflanze gepflückt, zwei oder drei Blätter in jeder der sieben Etagen.

Das Pflücken beginnt mit den beiden untersten, dem Boden am nächsten sprießenden Blättern, die kaum Sonne abbekommen und nur für eine leichte Einlage zu verwenden sind.

In den nächsten vier Etagen werden acht Blätter gepflückt, die – bei einer Deckblatt-Pflanze – die regulären Deckblätter abgeben. Die zweite Etage ist die einzige, in der immer nur ein Blatt gepflückt wird, und ihr Name weist auch darauf hin: *uno y medio.* In der dritten Etage entnimmt man jedesmal drei Blätter; sie heißt *primero ligero.* In der vierten und der fünften Etage, *secundo ligero* und *centro fin,* werden jeweils zwei Blätter gepflückt. Diese Blätter, die schon recht hoch an der Pflanze wachsen und daher viel näher an der Sonne sind, geben nach der richtigen Trocknung und Fermentation dunkelbraune Deckblätter ab.

Die zwei obersten Etagen, *centro gordo* und *corona,* liefern die härtesten Tabakblätter. Diese drei Blätter ergeben die stärkste Tabaksorte, ihre Farbe ist *negro,* das heißt schwarz (siehe die Tabelle auf Seite 112).

Das Trocknen und die erste Fermentation. Sofort nach dem Pflükken werden die Blätter in die *casa de tabaco* gebracht, auch Trockenschuppen genannt, wo der erste und sehr

Nach dem Pflücken werden die Blätter paarweise zusammengebunden (linke Seite) und in der *casa de tabaco* über Stangen aufgehängt (unten links). Während dieser mehrwöchigen Trocknungsphase verlieren die Blätter einen großen Teil ihrer Feuchtigkeit: Der Wasseranteil sinkt von 25 Prozent auf 10 Prozent des Blattgewichtes. Eine *casa de tabaco* (oben) ist stets nach dem gleichen Prinzip gebaut: Mit Hilfe der Öffnungen, die oben in der Nord- und in der Südwand angebracht sind, sowie der einander gegenüberliegenden Türen kann die Luftzirkulation beeinflußt werden.

Im Innern der *casa de tabaco* werden die Blätter sorgfältig begutachtet und geprüft (links und unten). Wie Paul Morand sagte, ähneln sie »dem Seidenstoff von Luftschiffen«. Das Trocknen der Blätter dauert unterschiedlich lang, je nachdem, ob sie einmal als Deckblätter oder als Umblätter verwendet werden sollen.

Nach einer letzten Überprüfung der Blätter (oben) werden sie in Scheffeln zusammengebunden (unten und rechte Seite), bevor sie ihre erste Fermentationsphase durchlaufen.

heikle Bearbeitungsgang erfolgt, das Trocknen. Die Blätter werden mit einem dünnen Baumwollfaden paarweise zusammengebunden und über einer Holzstange hängend getrocknet. Eine Stange hat Platz für etwa 50 Paar Blätter, und ein guter Arbeiter behängt 30 solcher Stangen pro Tag. Je nachdem, von welcher Etage die Blätter stammen, und je nach Wetter dauert das Trocknen unterschiedlich lang. Die Luft zirkuliert dabei durch die beiden einander gegenüberliegenden und stets offenen Türen und die Öffnungen zwischen den Holzwänden und dem Dach der *casa de tabaco.* Dies ist das Lufttrocknen, die am meisten verbreitete Methode. Die Sonnentrocknung, bei der die Blätter im Freien gelagert werden, und die Feuertrocknung, bei der man die Blätter über einem Feuer trocknet, werden in den großen Plantagen immer seltener angewendet. Man bedient sich dieser Methoden, um zur Erhaltung der grünen Farbe der Blätter das Chlorophyll zu fixieren.

Die Blätter werden dann für die erste Fermentation in Garben gebündelt, den *gavillas.* Wie bei der Bereitung der großen Weine spielt auch hier, in diesem Stadium der Tabakherstellung, die Kontrolle der Fermentationstemperaturen eine wesentliche Rolle: Sie muß für alle Blätter unter 40 Grad liegen, komme was da wolle, aber für die Blätter der untersten Etage nicht höher als 37 Grad. Das Trocknen und diese erste, natürliche Fermentation zieht sich über 20 bis 60 Tage hin – denn wie die Blätter für Deckblätter, Umblätter oder Einlage, für milde oder starke Tabaksorten nicht alle gleichzeitig oder in der gleichen Etage der Pflanze gepflückt werden, so werden sie auch nicht auf gleiche Weise getrocknet. Ebensowenig verläuft ihre Fermentation auf die gleiche Art.

Damit ist die Bearbeitung des Tabaks in der Plantage beendet. Auf der Plantage von Hermano Saiz, dem früheren Besitzer der Marke Hoyo de Monterrey, stellt man auch heute noch die Deckblätter für die meisten der großen kubanischen Zigarren her, insbesondere für die Hoyo, die Punch und die Montecristo. In der Tat stammen die Deckblätter kubanischer Doppel-Coronas zum großen

Diese Scheffel werden in Ballen zusammengebunden, bevor man sie von der Pflanzung in die Fabriken in Havanna schickt (oben und rechts).
Die Pflanzer wissen nicht, für welche Fabrik sie bestimmt sind. In Kuba ist der Produktionszyklus des Tabaks absoluter Geheimhaltung unterworfen. Die Abschirmung der Arbeiten ist oberstes Gebot, damit die »Herstellungsrezepte« nie enthüllt werden.

Teil von dieser *finca,* die zu allen Zeiten ein Musterbetrieb war.

Die getrockneten und fermentierten Blätter werden sodann an Cubatabaco geliefert, das staatliche Unternehmen, das in Kuba die gesamte Verarbeitung des Tabaks verwaltet. Die Lieferplantage wird von Cubatabaco entsprechend der Qualität ihrer Arbeit bezahlt. Bei höherer Qualität werden die Prämien, die der Betrieb erhält, an alle auf der Plantage Beschäftigten verteilt. Die Kommunisten in Kuba haben begriffen, daß die Erhaltung des hohen Niveaus der Zigarren ein paar Korrekturen des ursprünglichen streng marxistischen Standpunktes wert war. Und sie haben das so gründlich begriffen, daß sie eine große Anzahl kleiner, privater Pflanzer wieder zuließen. Allein in San Juan sind es zum Beispiel 250. Sie stellen weiterhin ihre eigenen Zigarren her, wobei die einzelnen Stücke oft unterschiedlich ausfallen. Unter dem Gesichtspunkt des Verhältnisses von Preis zu Qualität jedoch sind es die interessantesten Zigarren der Welt. Man findet sie in

allen Cafés von Kuba, kopfüber in Dosen gestopft und zum Standardpreis von einem Dollar pro Stück. Sie sind immer frisch und bieten das Vergnügen ständiger Neuentdeckung, den Reiz des Unbekannten. Alle, die schon in Kuba waren, und noch mehr die, die dort gelebt haben, sind ihnen verfallen. Wer Kuba kennt, hat zuallererst Lust auf diese Zigarren, wenn er dorthin zurückkehrt.

Das Sortierfest und die zweite Fermentation. Die Blätter werden dazu mit einer Brühe befeuchtet, die im Prinzip aus Wasser mit darin eingeweichtem Tabak besteht, deren ge-

In der Fabrik werden die Blätter ausgebreitet und neu befeuchtet, um die nächste Fermentationsphase einzuleiten (links).
Die Bodeguita del Medio (unten), das Café in der Altstadt Havannas, das wegen seines berühmten Cocktails Mojito einen guten Ruf genießt – weißer Rum, Limette, frische Pfefferminzblätter, zerstoßenes Eis und Zucker –, und sein Konkurrent, das Floridita – für seinen Daiquiri bekannt –, wurden beide von Hemingway in seinen letzten Jahren regelmäßig besucht. Hier rauchte er mit Vorliebe die kleinen, von unabhängigen Pflanzern produzierten Zigarren, die man in Kuba noch heute für weniger als einen Dollar bekommt.

naue Zusammensetzung jeder Feuchter jedoch als sein kostbares Geheimnis hütet. Diese zweite Befeuchtung ist unerläßlich, denn dieser Tabak »arbeitet«, die zweite Fermentation steht bevor. Für das Sortierfest werden die Garben von den Bauern in Palmen- oder Bananenblätter eingeschlagen; so entstehen aus den *gavillas* der verschiedenen Trockenschuppen die *tercios*. Die genaue Herkunft dieser in numerierte Ballen eingerollten *tercios* ist jederzeit zu ermitteln, da jede *finca* in numerierte Parzellen eingeteilt ist, deren Nummer sich auf jedem Ballen befindet.

Anläßlich dieses großen Sortierfestes hat die Castro-Revolution die Fachleute der verschwundenen Fabriken durch Einkäufer der Cubatabaco ersetzt. Und worin besteht nun die Zeremonie? Die Experten nehmen die Blätter und teilen sie nach Größe, Farbe, Dicke, Form, Struktur, Ausformung der Rippen, Biegsamkeit, Qualität der Fermentation und dem nicht näher zu bezeichnenden Instinkt, den nur die Erfahrung lehrt, in Dutzende von Kategorien ein. Von dem Talent und der Erfahrung dieser Experten hängt zu einem großen Teil der Genuß des Rauchers später ab.

Abgesehen von der Fabrik der Davidoff-Zigarren und derjenigen der Santa Clara, sind alle Fabriken in der Altstadt von Havanna konzentriert. Ihre Gebäude stammen aus verschiedenen Jahrhunderten. Im Innern hat sich seit hundert Jahren kein Gegenstand verändert, der letzte Anstrich ist ebenso alt. Die Gerüche von frischem und befeuchtetem Tabak sind bis in die Fugen der monumentalen Steintreppen und bis in die Parkettbretter der Werkstätten eingezogen. Gedämpftes Licht, Beleuchtung aus vergangener Zeit, alles scheint stehengeblieben zu sein in der Hingabe und der Huldigung an das einzige Heiligtum Kubas, die Zigarre. Hier beginnt ihre eigentliche Herstellung. Doch muß noch viel Mühe aufgewandt werden, denn das Tabakblatt ist noch lange nicht für seine letzte Bestimmung bereit.

Die dritte Fermentation und das Mischen. Die dritte Fermentation, die dem Mischen der Tabake und dem

Vor dem Mischen der Tabake und dem Rollen der Zigarre werden die Blätter vorbereitet (unten) und in Holzfässern auf den Dachböden der Fabriken zwischengelagert (rechte Seite). Je nach der Qualität der Tabake kann diese dritte Fermentation, die dem Mischen der Aromen vorausgeht, bis zu zehn Jahren dauern.

Formen der Zigarre vorangeht, dauert bei den edlen Tabaken mindestens ein Jahr, und noch viel länger bei den Blättern, die für die Deckblätter bestimmt sind und deren Mittelrippe zuvor entfernt wurde. Je nach Qualität des Tabaks kann sich die dritte Fermentation bis zu zehn Jahren hinziehen! In Holzfässer gepackt und aus Gründen der Belüftung meist auf dem Dachboden der Fabriken gelagert, werden die Blätter während dieser gesamten Periode auf das sorgfältigste gepflegt. Ähnlich wie der Kellermeister eines Cognac-Herstellers seine Branntweine jeden einzelnen Tag probiert, um den genauen Zeitpunkt bestimmen zu können, an dem sie im richtigen Verhältnis zueinander gemischt werden.

Ist die Reifung vorangeschritten und hat der Tabak allmählich sein Aroma entwickelt, so wird die dritte Fermentation beendet, bevor die Stärke den Sieg über das Aroma davonträgt. Die entscheidende Stunde des Mischens ist gekommen. In diesem Stadium geht es nur um das Aroma. Die Aufgabe des Mischens besteht darin, Blätter verschiedenster Abstammung miteinander zu vereinen, um aus jedem Jahrgang das gleiche Aroma wieder zu finden – wie es mit Champagner und Cognac gemacht wird –, oder aber die jeweils besten der verschiedenen Blätter eines einzigen Jahrgangs zusammenzustellen – wie beim Bordeaux und beim Burgunder –, in dem Bestreben, einen außergewöhnlichen Jahrgang zu erhalten. Von der Mischung hängt das ganze Aroma der zukünftigen Zigarre ab. So trägt der Mischer eine hohe Verantwortung. Die nach seinem Fingerspitzengefühl in einem bestimmten Mischungsverhältnis zueinander ausgewählten Tabake werden noch einmal leicht befeuchtet

33

Abseits von der Werkstatt der Zigarrenmacher (unten rechts) haben die eindrucksvollen Entripperinnen (rechts) die Aufgabe, vorsichtig und behutsam die Mittelrippe aus dem Blatt zu lösen, das sie auf einem Holzbrettchen auf ihrem Schoß liegen haben. Dies ist der Ursprung der nicht auszurottenden – und falschen – Legende von den schönen Zigarrenarbeiterinnen, die auf ihren nackten, seidenweichen Schenkeln Zigarren rollen. Der Kinostar Orson Welles (unten) war ein wahrer Gigant, an Körpergröße wie an Talent. Er rauchte, wie er lebte, wie er aß und wie er trank: maßlos. Pro Tag zündete sich Welles an die 20 Doppel-Coronas an, mit Vorliebe Por Larrañaga.

und zusammen in Holzkisten gepackt. Nun kann man nur noch beten, daß die Alchimie der sich vermengenden Aromen erfolgreich verläuft. Nach einigen Wochen oder auch Monaten beginnt schließlich die letzte Phase, die eigentliche Herstellung der Zigarre.

In der Fabrik. Hatten in den Zigarrenfabriken Havannas einst Zigarrenarbeiter die traditionellen Zigarrenarbeiterinnen der Manufakturen von Sevilla ersetzt, so hat sich das inzwischen wieder verändert. Heute sind es fast ausschließlich Frauen, die das Entrippen besorgen, und beim Formen der Zigarren sind sie in gleichem Maße beteiligt wie die Männer. Angesichts des Mangels an qualifizierten Arbeitern, der seit etwa 15 Jahren in Kuba herrscht, zeichnet sich sogar eine Wende ab: An den Werkbänken der Zigarrenmacher in den großen Fabriken Havannas sind allmählich die Frauen in der Überzahl. Zweifelsohne ist es ein Zeichen der Zeit, daß die Frauen heute leichter in die höheren Berufssparten der Zigarrenherstellung gelangen.

Das tägliche Leben in den Fabriken spielt sich ab wie seit eh und je. Die Atmosphäre, die Stimmung, das Licht, die Gerüche und das Geschrei sind noch genauso, wie es in *Carmen* beschrieben wurde. Rauchern ist die Fabrik Briones Montoto ein Begriff; vor 1959 hieß sie Romeo y Julieta. Sie befindet sich noch immer in der Calle O'Reilly, und seit ihrer Erbauung

Nach der Überprüfung bindet man die fertiggestellten Zigarren mit Seidenbändern zu Bündeln von 50 Stück, zum sogenannten »Halbrad«, zusammen (links). Sie werden nun für eine Ruhepause von einigen Wochen in einem Zedernholzschrank gelagert. Rudyard Kipling nachahmend, erklärte Groucho Marx (unten): »Wenn ich zwischen einer Frau und einer Zigarre wählen kann, wähle ich immer die Zigarre.«

Mitte des 19. Jahrhunderts hat sich nichts, nicht das geringste verändert. Die abgetretenen Stufen der Treppen, die vom Keller zum Dachboden der *fabrica* führen, haben sich mit den starken, durchdringenden, berauschenden tropischen Gerüchen vollgesogen. Die Mauern, die Böden, das Holz, die Schränke, Stühle und Tische, alle Ecken und Winkel sind durchdrungen vom Duft der Blätter von mehr als hundert Ernten. Blätter, deren Rauch Churchill und Faruk, Lenin und Guevara, Beaumarchais und Byron, Kipling und Hemingway, Groucho Marx und Orson Welles berauschte und ins Träumen brachte. Die Zigarren, die sie so sehr genossen, wurden einst auf diesen Werkbänken gemacht ...

Das Entrippen. Auf diese Expertinnen mit den geschickten Samthänden geht die nicht auszurottende Legende zurück, daß die unzähligen Zigarren auf den zarten Schenkeln schöner Zigarrenarbeiterinnen gerollt wurden. Die Arbeit der Entripperinnen erfordert Fingerspitzengefühl; sie besteht darin, die Mittelrippe des Tabakblattes zu entfernen, d.h., sie mit Daumen und Zeigefinger herauszureißen. Die Legende erklärt sich daher, daß das Blatt dazu auf ein gekrümmtes Holzbrettchen gelegt wird, das auf den Schenkeln der Zigarrenarbeiterin ruht, wobei sich das Brettchen mit zwei länglichen Wölbungen unverrutschbar an die Schenkel schmiegt. Und wie in den Romanen französischer und englischer Schriftsteller begeistert beschrieben wird, haben sich die Entripperinnen ihre Tradition bis heute bewahrt; sie singen, schreien durcheinander, streiten und beschimpfen alles, was sich bewegt oder in ihren Gesichtskreis gerät. Es sind die kubanischen Schwestern der kreischenden Marktweiber von anno dazumal. Ihre überschäumende Lebensfreude bricht sich ständig Bahn. Und sie qualmen wie die Schlote, meist kleine, schwarze Zigarren.

Das Rollen der Zigarre. Doch wenn die Entripperinnen auch glühend verehrt werden, so bilden sie doch nicht

Man braucht mindestens zehn Jahre Übung, bis man als *torcedor,* als Zigarrenmacher, alle Handgriffe wirklich beherrscht, die für die Herstellung einer großen Zigarre notwendig sind. (Rechts: das Formen der Einlage-Puppe, die vom Umblatt umschlossen und in das Deckblatt gerollt wird; unten: das Formen des Kopfes der Zigarre, eine der heikelsten Arbeiten.)

die am höchsten respektierte Kaste. Die Zigarrenmacher sind es, die in der kleinen Welt der Fabrik herrschen, und jeder akzeptiert diesen Vorrang. Es sind mindestens sechs Jahre Übung nötig, bis man überhaupt richtig rollen kann, ein Dutzend Jahre, bis eine gewisse Geschicklichkeit erreicht ist, und manchmal genügt ein ganzes Leben nicht, um diese faszinierende Kunst vollkommen zu kennen und zu beherrschen. Ja, das Formen einer Zigarre ist wahrhaftig eine Kunst, die keiner anderen künstlerischen Betätigung des Menschen in irgendeiner Weise nachsteht. Diejenigen, die dies vollbringen, verdienen es, Künstler genannt zu werden. Zu Beginn der Arbeit bekommt der Zigarrenmacher das Gewicht an Tabak und die Anzahl an Deckblättern und Umblättern, die für die Zahl der Zigarren, die er rollen soll, unmittelbar gebraucht werden. Ein guter Arbeiter hat, wenn er seine letzte Zigarre für den Tag in Angriff nimmt, noch genau die Menge an Tabak übrig, die für sein letztes Meisterwerk notwendig ist. Nicht ein Gramm Tabak geht während der Herstellung von mehreren Dutzend Stück verloren. Ein wahrhaft meisterhaftes Fingerspitzengefühl und Können!

Zu dieser Roll-Technik gesellt sich die Geschicklichkeit bei der Zusammenstellung der verschiedenen Tabake. Sie müssen nicht nur aus Geschmacksgründen in genau bemessenen Proportionen im Zigarrenkörper vereint werden, sondern auch zu dem Zweck, daß die Zigarre gleichmäßig brennt. Dieser langsame und gleichmäßige Brand über den gesamten Querschnitt der Blätter hinweg, dessen Durchmesser zwischen einem und zwei Zentimetern liegt, ist ein Mysterium. Er muß mehr als eine Stunde lang immer gleichmäßig vor sich gehen, und es dürfen niemals einige Blätter schneller brennen als andere, da sonst Krater entstehen und die Zigarre sich ungleichmäßig verbraucht.

Dieser Mangel kann manchmal bei schlecht gerollten Stücken auftreten. In diesem Fall wurde das Mischverhältnis der drei Tabake, die in der Zigarre enthalten sind, beim Rollen schlecht gewählt. Aber auch ein schlechtes Anzünden kann der Grund für ein derartiges Vorkommnis sein, oder das Rauchen unter abträglichen Lüftungsverhältnissen, wie etwa in einem Auto mit geöffneten Fenstern, wo die Zigarre auf der dem Luftzug zugekehrten Seite schneller brennt und sich so schräg verbraucht.

Die Geschwindigkeit, mit der das Deckblatt brennt, ist für die Qualität einer Zigarre entscheidend. Es darf nicht schneller als das Umblatt oder als die Einlage brennen. Dieses Problem wird gelöst, indem man drei Sorten Tabak verwendet, die verschieden brennen: den *volado,* den *legero* und den *seco.* Die Namen zeigen ihre jeweiligen Brenneigenschaften an. Tatsächlich gibt es zwölf verzeichnete Tabaksorten mit verschiedener Pyrolysegeschwindigkeit. Fünf von ihnen werden immer in edlen Zigarren verwendet. Zu den drei schon genannten kommen noch der *capa* und der *banda volado* hinzu. Richtig verwendet, garantieren sie eine stets gleichmäßige Brandfläche.

Die Zigarrenmacher und Zigarrenmacherinnen sind bei der Arbeit viel ruhiger als die Entripperinnen, denn ihre Aufgabe erfordert sehr viel mehr Aufmerksamkeit; zudem hat sich seit nun schon mehr als hundert Jahren in ihren Werkstätten eine Sitte eingebürgert, die sich aus ihrer Forderung nach Kultur und nach einem Vorleser in der Fabrik ergab; dieser Vorleser waltet noch heute seines Amtes, jedoch nur am Vormittag, wo nun die Tageszeitung der Kommunistischen Partei Kubas, die *Granma,* gelesen wird. Am Nachmittag hört man Musik, meistens kubanischen Salsa, aber auch Hits aus Nordamerika, etwa von Michael Jackson. Begleitet von diesem Zeremoniell, diesen Traditionen und unverrückbaren Gewohnheiten wird die unsterbliche Zigarre hergestellt. *Hecho a mano,* das ist die goldene Regel des Zigarremachens, das in einer durch die Sitte geheiligten Abfolge von neun Schritten vor sich geht.

Der erste Schritt besteht im Vorbereiten der Einlage, die mit beiden Händen geformt wird. Dies ist schon ein Kunststück für sich, denn der Zigarrenmacher formt nur mit der Handfläche eine Art Tabakrolle von

Als wirkliche Meister ihres Fachs bilden die Zigarrenmacher in der Fabrik die Elite der Arbeiter. Sie werden respektiert, bewundert und gut entlohnt. Man hat in Kuba übrigens eine Art Meisterschaftswettbewerb der Zigarrenmacher eingeführt. Die Brüder Alvarez (unten links), Zigarrenmacher bei Partagas, gehören dabei zu den Ersten. Für sie ist das Ausziehen des Deckblattes mit dem Zigarrenmesser (oben), ihrem einzigen Werkzeug, Routinesache.

Die Hände eines Zigarrenmachers verraten ein hohes Maß an Wissen, Können, Intelligenz und Liebe zur Sache ... Pro Tag fertigt ein erfahrener Zigarrenmacher mindestens 63 Doppel-Coronas, die sich alle gleichen wie ein Ei dem anderen (links).
Einst eine fast ausschließlich männliche Domäne, wird die Herstellung der Zigarren neuerdings immer mehr auch zu einem Frauenberuf. Die Leiter der Fabriken ließen sich inzwischen von der Geschicklichkeit und Zuverlässigkeit der Zigarrenarbeiterinnen überzeugen (oben).

Im 19. und zu Anfang des 20. Jahrhunderts machte die Herstellung der Vistas (oben und unten) bei vielen Druckereien einen bedeutenden Anteil ihrer Aufträge aus. Die kubanischen Vistas wurden in der Imprimerie Nationale in Havanna gedruckt.

einer Länge von bis zu 24 Zentimetern, vollkommen zylindrisch, mit völlig gleichmäßiger Dichte, deren Durchmesser über die gesamte Länge hinweg um keinen Millimeter vom vorgegebenen Maß abweicht. Die Schönheit und die Qualität der Zigarre entscheiden sich zum großen Teil in diesem ersten Arbeitsschritt. Die erfahrenen »alten Hasen« vollbringen diese Leistung alle rein nach dem Gefühl. Die weniger erfahrenen messen mit einer Schublehre oder einem 20-cm-Lineal nach, ob sie richtig geschätzt haben.

Als nächstes wird die Einlage in das Umblatt eingewickelt, das Halbblatt, welches das Innere der Zigarre umschließt. Bei den großen Formaten werden meist zwei Halbblätter verwendet. In diesem Stadium der Herstellung spricht man von der Puppe. Dieses erste Wickeln verlangt ebensoviel Gewissenhaftigkeit und Sorgfalt wie das spätere Einwickeln ins Deckblatt. Von der homogenen Verbindung des Umblattes mit der Einlage hängt nicht nur die Wickelgüte und die Gleichmäßigkeit des Brandes ab, sondern auch das besondere Aroma. Dieses würde durch ein ungenau gewickeltes Umblatt beeinträchtigt.

Im dritten Arbeitsschritt entnimmt der Zigarrenmacher dem ihm zugeteilten Haufen an Deckblättern, die in ein feuchtes Tuch eingeschlagen sind, ein Blatt und breitet es auf einem ungefähr 30 auf 20 Zentimeter messenden Holzbrettchen aus; dieses Brettchen liegt auf einem hölzernen Werktisch, der auch einem Kunstschreiner oder einem Zeichner alle Ehre machen würde. Der Zigarrenmacher breitet das Deckblatt darauf, er dehnt es aus, wie der Bäcker es mit einem Strudelteig macht, und schneidet mit seinem Zigarrenmesser die Ränder gerade. Dieses Messer ist das einzige Werkzeug, das er benutzt, eine Art flacher Halbmond aus Metall, der in der Hand liegt. Der gekrümmte Rand ist scharf und dient zum Schneiden, die Fläche wird wie ein Teigschaber oder Teigspatel verwendet.

Der nächste Schritt besteht darin, das Deckblatt um die Puppe zu wikkeln, eine Arbeit, die höchste Genauigkeit erfordert, denn sie allein bestimmt das Äußere der Zigarre, ihre Schönheit, die für jeden Raucher einen wesentlichen Aspekt darstellt. Und sie wirkt sich auch auf die Qualität des Brandes aus; denn eine Zigarre, deren Deckblatt sich wie eine Papierschlange abhaspelt, taugt zu nichts. Ob das Wickeln des Deckblattes gut gelingt, wird schon zu einem großen Teil durch die sorgfältige Pflege bestimmt, die man ihm während seiner Vorbereitung angedeihen ließ. Ein edles Deckblatt – seidig zart und geschmeidig, eine gleichermaßen atmende und geschlossene lebendige Membran –, ein solches Blatt kann nur von Hand verarbeitet werden. Aus diesem Grunde sind auch – jenseits aller sonstigen Erwägungen – die maschinell hergestellten Zigarren nicht so schön und nicht so gut wie die handgefertigten. Sie können aufgrund der mechanischen Beanspruchung durch die Maschine nicht mit so feinen Blättern gerollt werden, wie es die Zigarrenmacher von Hand fertigbringen: Die Deckblätter sind also dicker, rauher, weniger zart – alles in allem: grober.

Im nächsten Schritt wird der Kopf der Zigarre zugeschnitten. Dies muß mit einer sehr geschickten Bewegung geschehen, vor allem bei Zigarren, die einen runden Kopf erhalten sollen. Erfahrene Zigarrenmacher benutzen dazu lediglich ihr Zigarrenmesser. Die anderen verwenden ein Spezialmesser.

Das Formen des Zigarrenkopfes – der sechste Schritt – ist ebenfalls eine schwierige, knifflige Aufgabe. Ob er nun flach, rund oder spitz werden soll, erfordert das Endformen des Kopfes in jedem Fall eine bewundernswerte Geschicklichkeit des Zigarrenmachers. Bei runden und flachen Köpfen wird dabei mit einem pflanzlichen Klebstoff eine kleine Verschlußpastille angebracht, die zuvor beim Vorbereiten des Deckblattes aus den Abfällen herausgeschnitten wurde. Diese Pastille fügt sich so vollkommen ein, daß ein ungeübtes Auge sie gar nicht bemerkt.

Mit der siebten Phase beginnt der Zigarrenmacher die abschließende Feinbearbeitung seines Stücks. Zunächst verleiht er dem Deckblatt Glanz, indem er mit seinem Zigarrenmesser darüberstreicht und es dabei auf dem Brettchen rollt. Gleichzeitig beginnt er, es vorsichtig auszuziehen.

Danach zieht er die Einlage aus, um sich von der gleichmäßigen Dichte der Zigarre – vom Kopf bis zum Ende – zu überzeugen. Er hält die Zigarre mit der linken Hand umschlossen und zieht mit drei Fingern der rechten Hand in einer sehr zarten und gleichzeitig energischen Bewegung an der Einlage. Die Zigarre ist ihrer Vollendung nahe.

Der neunte und abschließende Arbeitsschritt besteht darin, mit der Guillotine das Brandende der Zigarre zu schneiden und ihr damit die richtige Länge zu geben, sodann die Regelmäßigkeit des Durchmessers zu überprüfen, indem man sie durch eine Meßschablone schiebt, ein Brett mit Löchern in den verschiedenen Standardmaßen. Ein erfahrener Zigarrenmacher stellt pro Tag minde-

Beim Verpacken in die Kisten, nach der Ruhephase, werden die Zigarren nach Farbe und Erscheinung ihres Deckblattes sortiert (unten), damit sie in den Kisten einen völlig gleichmäßigen Anblick bieten.

Nicht selten arbeiten die Zigarrenmacher in den Fabriken mit einer Zigarre im Mund (oben). Sie dürfen sich jeden Monat einige Stücke aus ihrer Produktion nehmen.
Die fertiggestellten Zigarren werden, in »Halbräder« zusammengebunden, zum Ruhen in Schränken gelagert, die Tausende von Stück fassen (unten rechts) und in allen Ecken und Winkeln der Fabrik stehen. Hier lagern sie, bis sie die dritte Fermentation hinter sich haben, und geben die Feuchtigkeit ab, die sie während ihrer Herstellung aufgenommen haben.
Der Farben-Experte bei der Arbeit (rechte Seite): Man braucht wahrhaftig das Auge eines Künstlers, um an die 100 verschiedene Brauntöne voneinander unterscheiden zu können.

stens 63 Doppel-Coronas her. Der Tagesrekord für die Herstellung von verkaufsfertigen Zigarren steht bei 110 Stück.

Der Zigarrenmacher ordnet nun die angefertigten Zigarren auf seinem Werktisch und bindet sie mit einem Seidenband zu Bündeln zusammen.

In den hohen Kistchen, die von zahlreichen Marken verwendet werden, findet der Käufer die Zigarren oft in diesen 25er- oder 50er-Bündeln. So wie das Bündel die Hände des Zigarrenmachers verläßt, enthält es im allgemeinen 50 Zigarren. In Kuba nennen es die Zigarrenarbeiter ein Halbrad, eine Bezeichnung, die von einem volkstümlichen Ausdruck abgeleitet wird. In Kuba heißt es von jemandem, der fünfzig Jahre alt wird, er habe das Halbrad seines Lebens erreicht ... Die Zigarren werden sodann für vier bis acht Wochen in Zedernholzschränken von gewaltigen Ausmaßen oder in riesigen Schubläden gelagert, wo sie ruhen. Sie müssen noch einen Teil der Wärme und der Feuchtigkeit verlieren, die der Tabak im Laufe seiner Bearbeitungsstadien aufgenommen hat.

Diese eingeschobene Ruhepause erinnert an das Lagern von Weinflaschen beim Abfüller oder von Maiskolben in einem Silo. Und nicht ohne Stolz erklärt Oscar Gonzales Otavio, der Direktor von Briones Montoto, bei einem Besuch seiner Fabrik vor diesen Zigarrenbergen: »Sie sehen hier Havannas im Wert von 15 Millionen Dollar. Das Produktionsergebnis von fast zwei Monaten. Fast eine Million und 500 000 Stück. Mehr als 50 000 Kisten.«

Nach Ablauf dieser Ruhepause werden die Zigarren auf ihre Eignung zum Verkauf geprüft. Und vor allem auf Herstellungsmängel. Aus jedem Bündel wird eine Stichprobe entnommen, diese der Länge nach aufgeschnitten und auf ihre innere Qualität untersucht. Dann werden die Zigarren, eine nach der anderen, in der Länge und im Durchmesser gemessen und befühlt.

1850 erfand der holländische Händler Gustav Bock die Bauchbinde, mit der er seine Havannas für seine Kunden kennzeichnen wollte; so schuf er eine Mode, die noch heute gilt (oben: Bauchbinden großer kubanischer Marken). Nachdem die Zigarren mit einer Bauchbinde versehen sind, werden sie in die Kisten verpackt (unten rechts). Auch dies ist wieder Präzisionsarbeit. Die Bauchbinden, die mit einem Tröpfchen eines pflanzlichen Klebstoffs befestigt werden, das der Arbeiter mit seinem Ringfinger auftupft, müssen sich alle exakt auf der gleichen Höhe der Zigarre befinden, damit eine gleichmäßige Linie entsteht.

Das Sortieren nach Farben. Damit bleibt vor dem Verpacken nur noch eines zu tun: das Sortieren nach den Farben, wobei es mehr als hundert Braunschattierungen gibt (siehe Tabelle Seite 112). Ein Farbexperte breitet die gesamte Herstellung eines bestimmten Formats vor sich aus. Er sortiert die Zigarren nach den Farbnuancen, damit dann die Kisten in einer einheitlichen Farbe gefüllt werden können. Diese Arbeit erfordert eine derartig ausgeprägte Wahrnehmung für Farbunterschiede, wie sie sonst nur noch die Mischer und die Pflanzer besitzen, die die Blätter im richtigen Augenblick pflücken müssen und ihr Trocknen überwachen; eine Fähigkeit, um die sie jeder Impressionist nur beneiden kann.

Bauchbinden und Kisten. Vor dem Verpacken in Kisten werden die Zigarren mit einer Bauchbinde versehen. Auch dies geschieht von Hand. Die Bauchbinden, deren Entwürfe zum großen Teil noch aus dem ausgehenden 19. Jahrhundert stammen, werden mit einem Tröpfchen eines pflanzlichen Klebstoffs befestigt, das der Arbeiter mit einer Fingerspitze leicht auftupft. Dies ist nicht so einfach, wie es erscheint, da alle Bauchbinden exakt auf der gleichen Höhe der Zigarre angebracht sein müssen.

Ebenso ist das Verpacken in die Kisten eine delikate Angelegenheit, die von Fachleuten ausgeführt wird; sie achten darauf, die Seiten der Deckblätter, an denen sich feine Adern zeigen, nach unten zu lagern. So schaffen sie einen ästhetischen Anblick, der dem Raucher ein tiefes Glücksgefühl vermittelt, wenn er seine Zigarrenkiste zum erstenmal öffnet.

Die Verzierung dieser Kisten stellt ein zusätzliches Raffinement dar. Außen tragen sie die Farben und die Initialen der Marken, manchmal auch ein Bild. Oft sind da die Medaillen dargestellt, die die Marke bei den zahlreichen Ausstellungen Ende des 19. Jahrhunderts gewonnen hat. Doch erst im Inneren der Kisten offenbart sich die Genialität dieser Ausschmückungen. In den Deckel oder auf das Blatt gedruckt, das die Zigarren wie das Vorsatzblatt eines Buches abdeckt, zeigen sich dem Raucher die *vistas,* gemäldeartige kleine Bilder,

Wenn bei der Verzierung der Havannakisten immer eine reiche Phantasie entfaltet wird (unten: Bauchbinden und Vista), so bestehen die Kisten selbst stets aus dem wertvollen Holz der Zeder (links), die in riesigen Pflanzungen überall auf der Insel angebaut wird. Dieses Holz ähnelt in seinem Duft dem kubanischen Tabak und eignet sich ideal für die Aufbewahrung der Zigarren, weil es die erwünschte Luftzirkulation und Luftfeuchtigkeit ermöglicht.

die Szenen aus der Mythologie, aus dem spanischen Barock, aus der Natur oder einfach aus dem täglichen Leben des vergangenen Jahrhunderts in Kuba darstellen. Die kräftigen Farben, unter denen Rot- und Goldtöne vorherrschen, verleihen diesen Kisten einen Reiz, der das Auge fesselt, und die künstlerischen Qualitäten dieser *vistas* verdienten wohl, ständig ausgestellt zu werden. Bauchbinden und *vistas* aller kubanischer Marken werden ausschließlich von der staatlichen Druckerei in Havanna hergestellt. Alle Kisten sind aus kubanischem Zedernholz gefertigt. Nichts eignete sich bisher besser für die Aufbewahrung von Zigarren. Die Verpackung reicht dabei von Einzelkistchen für extrem große Zigarren, wie die Havanna Club von Dunhill oder die Magnum von José Gener, bis zu den Kisten zu hundert für die kleinen Zigarren. Und dazwischen befinden sich die Kisten zu zehn – für die Dom Perignon von Davidoff oder die Churchill von Romeo y Julieta –, zu fünfzig – meist den gebündelten Coronas wie etwa von Bolivar vorbehalten – oder zu fünfundzwanzig Zigarren, die bei weitem den größten Teil ausmachen.

Das Garantiesiegel. Die allerletzte, aber nicht die unwichtigste Handlung, die diese lange Kette der Zigarrenherstellung abschließt, ist das Anbringen des berühmten grünen Bandes an allen Havanna-Kisten, das die Echtheit der Zigarren garantiert. Der Käufer sollte dieses Garantiesiegel aufmerksam lesen, denn in zahlreichen zollfreien Läden großer Flughäfen und selbst in manchen Supermärkten gibt es manchmal mehr falsche Havannas als echte. Selbst erfahrene Raucher lassen sich manchmal täuschen.

Das Garantiesiegel der kubanischen Regierung wurde durch das Gesetz vom 16. Juli 1912 eingeführt. Es bescheinigt, daß die in der Kiste enthaltenen Zigarren ausschließlich in Kuba und mit in Kuba geerntetem Tabak hergestellt wurden. Jeglicher Vermerk wie »aus Kuba importierte Blätter«, »Havannaerzeugnisse«, »kleine Havanna« oder »Vuelta Abajo« stellen eine Fälschung dar. Das Siegel ist von grüner Farbe und

Die außergewöhnliche Qualität der Havannas beruht auf der Auswahl der besten Tabakblätter und auf den stets gleichbleibenden Herstellungsbedingungen: In Textur, Farbe des Deckblattes und Aroma gleichen sich alle Zigarren einer Kiste wie ein Ei dem anderen. Sobald die Zigarren so angeordnet sind, daß die feinen Adern der Deckblätter nach unten zeigen und die Bauchbinden eine gerade Linie bilden, werden die verzierten Kisten mit dem Garantiesiegel versehen (oben).
Diese Kisten von Partagas (rechts) scheinen identisch zu sein, in Wirklichkeit jedoch ist die obere Kiste »echt« und stammt aus Kuba, die andere – nachgeahmte – wurde in Santo Domingo hergestellt, nicht in Havanna. Man kann sie nur mit Hilfe des Garantiesiegels unterscheiden, und auch hier ist Vorsicht geboten: Das Siegel der kubanischen Regierung wird häufig kopiert!
In Kuba gibt es phantastische Zigarren ohne Bauchbinde (rechte Seite), die man für wenig Geld in den Straßen oder in den Cafés von Havanna erstehen kann.

trägt in der Mitte groß die spanische Aufschrift: »sello de garantía nacional de procedencia«. Diese Formel befindet sich in englischer Sprache an der oberen Kante des Bandes, in Deutsch unten rechts und in Französisch unten links. Gewisse Marken scheuten sich nicht, den dicken Vermerk »republica de Cuba« durch »republica de ...« mit dem Namen eines anderen Landes zu ersetzen und ansonsten das Garantieband ohne jede Abweichung zu kopieren. Für einen Gelegenheitskäufer ist es schwierig, diese Täuschung zu bemerken. Erst beim Rauchen selbst kommt dann der Betrug ans Licht. Natürlich werden die kostbarsten Zigarren am häufigsten imitiert. Ebenso wie Cartier-Juwelen, werden Davidoff-Zigarren oft gefälscht. In Brasilien entdeckten unseriöse Geschäftsleute in einer Autowerkstatt einen Mechaniker namens ... Davidoff. Für ein paar tausend Dollar kauften sie ihm das Recht auf seinen Namen ab und konnten dann ganz legal falsche Davidoff herstellen. So warfen sie einige Millionen Stück auf den amerikanischen Markt, bis eine Gerichtsentscheidung im Jahre 1984 diesen Geschäften einen Riegel vorschob.

Bevor sie auf den europäischen Markt kommen, werden die Zigarrenkisten bei der Cubatabaco, in der Fabrik oder in den Lagerhäusern des Hafens von Havanna gelagert, damit sich ihr Feuchtegehalt stabilisiert. Nach 60 Tagen Transport erreichen die Zigarren schließlich die Läden auf dem alten Kontinent, acht bis zehn Monate nachdem sie hergestellt wurden und nach ihrer vierten Fermentation, die sich während des Sommers nach ihrer Herstellung vollzieht.

In Europa raucht man gern frische Zigarren. Sie werden aus Tabaken gemacht, die mindestens zwei Jahre alt sind, und halten sich in unseren Breitengraden fünf Jahre lang ohne Qualitätsveränderung. Lagern sie länger, so werden sie dadurch nicht besser. In tropischem Klima dagegen halten sie sich jahrzehntelang in ihrer ursprünglichen Vollkommenheit.

DIE KUNST
DES
RAUCHENS

PENAMIL
HOYO
HOYO
BOLIVAR
NATURAL LEAF WRAPPER
KING EDWARD
KING EDWARD
KING EDWARD

Genuß verträgt sich nicht mit Reglementierungen. Rauchen, was man will, wie man will, wo man will, nur das Sich-wohl-Fühlen zählt, und sonst nichts. Anzünden, ausgehen lassen und wieder anzünden; die Bauchbinde abnehmen oder dranlassen; die Asche abschütteln oder glimmen lassen; die Zigarre einschneiden, aufbeißen oder mit dem Fingernagel einritzen; Feuerzeug oder Zündhölzer benutzen, darauf kommt es nicht an. Rauchen kann man zwar als eine Kunst erachten, doch vor allem ist es ein Genuß; und dieser darf nicht eingeengt werden, weder durch Vorurteile noch durch Prinzipien.

Seit mehr als einem halben Jahrhundert glaubten Schöngeister, große Redner und brillante Theoretiker, das, was sie so eilig die Kunst des Zigarrerauchens nannten, reglementieren zu müssen.

Das brachte manchen darauf, das Entfernen der Bauchbinde zu verbieten oder zu fordern, ein ganzes Zeremoniell des Anzündens in die Welt zu setzen, das Wiederanzünden zu untersagen, die Methode des Einschneidens festzulegen, den ganzen Tag eines Rauchers in ein strenges Ritual zu verwandeln.

Welch ein Unsinn! Wenn man Regeln aufstellen will, dann gibt es nur die eine, und die heißt, um mit Rabelais zu sprechen: »Tu, was dir gefällt.« Jeder Raucher hat seinen eigenen Geschmack, seine Gewohnheiten und Vorlieben. Und auch seine Marotten. Jeder genießt auf seine eigene Art, dafür kann es keine Vorschriften geben.

Doch ebenso, wie man auch weiß, daß eine Flasche Wein vor dem Servieren nicht geschüttelt werden darf oder daß man einen Champagner nicht ins Gefrierfach legt, beherzigen auch erfahrene Zigarrenraucher einige Dinge, um die Qualität ihrer Deckblätter oder ihrer bevorzugten Zigarren zu bewahren.

Der Genuß einer Zigarre beginnt mit dem Auge. Dann hält man sie in den Fingern. Man bereitet sie vor. Und man schließt diese erste Stufe der Vorfreude ab, indem man sie anzündet. Nicht zu vergessen natürlich die Zeit, während der man sie sorgfältig aufbewahrte.

Die Wahl der Zigarre. Der Genuß des Speisens beginnt mit der Auswahl der Gänge. Sich mit der Frage zu beschäftigen, ob man nun im Kreise seiner Freunde eine Havanna Club von Dunhill oder eine Montecristo »A« raucht, heißt, die ungeheure Befriedigung, die der Genuß einer wirklich edlen Zigarre vermittelt, schon vorauszuempfinden. Die Auswahl der Zigarre beginnt beim Kauf. Gegenüber Weinliebhabern, die die begehrte Flasche nicht versuchsweise öffnen können, sind Zigarrenfreunde im Vorteil. Sie können jedes Kistchen öffnen lassen, von dem sie träumen. In diesem Augenblick des Suchens beginnt für sie schon der Genuß, dessen Höhepunkt manchmal erst Monate später eintritt.

Man sollte vorsichtshalber vor jedem Kauf unbedingt die Kiste öffnen lassen. Auf den ersten Blick kann man so sehen, wie die Zigarren gepackt sind, die oberste Lage in Augenschein nehmen, die bei den Kisten mit 25 Stück und zwei Lagen immer 13 Zigarren enthält. Die Anzahl der Zigarren pro Lage variiert je nach den Formaten der Kisten. Manche Arten der Anordnung haben einer Zigarre sogar den Namen gegeben. Die 8-9-8 von Partagas trägt diesen Namen, weil diese ausgezeichnete Corona – robust wie fast alle Zigarren dieser Marke – in ihrem Zedernholzkabinett in drei Lagen über-

Das Anzünden ist ein wichtiger Augenblick, von dem der Rauchgenuß abhängt. Wie Gérard junior (Seite 106) sollte man nicht geruchsfreie Feuerzeuge vermeiden und eine lange und beständige Flamme verwenden.
Groucho Marx (Seite 107) löste das Problem auf seine Weise: Er tritt in allen seinen Filmen mit einer unangezündeten Zigarre auf.
Bei der Wahl einer Zigarre sind bestimmte Vorsichtsmaßnahmen zu beachten. Zunächst muß man die Läden kennen, in denen der Raucher nicht betrogen wird, das heißt die Läden, in denen die Zigarren richtig aufbewahrt werden. Zum Beispiel bei Hajenius in Amsterdam (linke Seite), wo man es versteht, Tradition und Modernität zu verbinden.
Jean-Paul Belmondo (unten) oder die vollkommene Verkörperung eines großen Rauchers ... kleiner Zigarren.

Beim Kauf einer Kiste sollte man immer verlangen, daß sie geöffnet wird, welcher Herkunft und Qualität sie auch sei. Nur so kann man den Zustand der Zigarren beurteilen. Dies ist eine der wenigen Regeln, die man nie außer acht lassen sollte.
Diese Vista stellt nicht den Schriftsteller Henry Miller dar, sondern zweifellos einen reichen Herrn des gleichen Namens (unten).

einander gebündelt liegt, acht Stück in der oberen, neun in der mittleren und wieder acht in der unteren Lage.

Das Öffnen einer Kiste Zigarren vor dem Kauf ist auch für die Beurteilung der Farbe und der Qualität der Deckblätter unerläßlich. Auf diese Weise kann man zu stark geaderte oder fleckige, zu blasse oder für seinen Geschmack zu dunkle oder gar in der Farbe uneinheitliche Deckblätter aussondern, ein Fehler, der heute häufig auftritt.

Man kann so mit dem Auge und durch Betasten den Zustand der Zigarren und ihre Herstellungsgüte prüfen. Jedoch muß nicht jede Abweichung einen Mangel darstellen. Wir kauften einmal in Havanna eine Kiste Montecristo »A«, von denen eine ganze Anzahl schimmelig war. Sie hatten zuviel Feuchtigkeit abbekommen. Nachdem wir uns versichert hatten, daß die Deckblätter nicht fleckig waren, zögerten wir nicht, diese Kiste zu erwerben. Vier Jahre später besitzen wir nun noch immer einige dieser Montecristo »A«, und sie sind phantastisch. In den Tropen ist dieser Schimmel meist die Folge eines zu starken Temperatursturzes. Die weißlichen Flecken entstehen, wenn sich die Feuchtigkeit der Umgebung dem Taupunkt nähert. Sobald jedoch die Luftfeuchtigkeit wieder normal ist und man die Deckblätter sorgfältig bürstet, ist dieses Vorkommnis weder der Struktur noch der Farbe, noch der Geschmeidigkeit des Deckblattes abträglich, ebensowenig dem Geschmack der Zigarre selbst.

Die Farbe des Deckblattes und das Format der Zigarre sind die beiden Auswahlkriterien des Rauchers, für die es eine Fülle von Bezeichnungen gibt; dies führt so weit, daß die einzelnen Definitionen sich teilweise kaum voneinander unterscheiden oder aber daß Zigarren, die in der Form für das bloße Auge deutlich voneinander abweichen, in ein und dieselbe Kategorie fallen.

Die Farbe. Es ist ein häufiger Irrtum zu glauben, daß die Farbe des Deckblattes die Stärke der Zigarre beeinflußt. Dunkle Deckblätter sind ebensowenig ein Zeichen für eine starke Zigarre wie helle Deckblätter das Zeichen einer leichten sind, ausgenommen, ein Hersteller arbeitet nach diesem Prinzip. Ein grünes Deckblatt kann eine sehr starke Einlage bergen, und ein dunkleres Deckblatt kann einen leichteren Tabak umschließen. Und die eine wie die andere Zigarre kann sowohl rund im Geschmack sein wie auch ziemlich beißend. Es ist richtig, daß in Europa die Raucher gern eine helle Farbe mit einer leichten Zigarre assoziieren. Daher haben zahlreiche Markenhersteller es sich angewöhnt, diese Erwartung zu berücksichtigen. Dennoch ist die Farbe der Einlage der eigentliche, wahre Anhaltspunkt, um die Stärke einer Zigarre zu erkennen. Je dunkler dieser Tabak ist, desto mehr Körper und Stärke besitzt die Zigarre beim Rauchen. Je heller er ist, desto milder und leichter ist er auch. Dies trifft natürlich ebenso auf die Deckblätter zu. Jedoch kann ein Deckblatt allein den Geschmack oder die Stärke einer Zigarre nicht verändern; hingegen kann es der Zigarre, wenn es vom Tabak der Einlage abweicht, je nachdem einen Hauch von herber Stärke oder von Milde verleihen, der im Kontrast zur Einlage angenehm überrascht.

Die Farben der Deckblätter sind von der hellsten bis zur dunkelsten, von claro claro, doble claro, clarissimo oder grün bis oscuro oder schwarz in Kategorien eingeteilt. Zwischen diesen beiden Extremen liegen in immer dunkler werdenden Abstufungen die claro, colorado claro, colorado, maduro colorado und maduro. In der sich anschließenden Tabelle ist diese Einteilung im Detail beschrieben.

Ebenso wie verschiedene Kunstströmungen die Ikonographie der Vistas beeinflußten, so bildete auch die Literatur eine Quelle der Inspiration für manche Künstler (oben: der berühmte Sherlock Holmes).
Die Liebhaber großer Zigarren sind dazu fähig, sich um eine Kiste Henry Clay (unten), diese hochberühmte, seit Castro nicht mehr existierende Marke, zu reißen, koste es, was es wolle. Diese Kiste ruht wie ein Schatz im Lager von Davidoff in Basel.

Abbildung Seite 113:
Von links nach rechts die Skala der acht wichtigsten Zigarrenfarben: clarissimo, claro claro, claro, colorado claro, colorado, maduro colorado, maduro und oscuro (Auswahl der Boutique 22 in Paris).

DIE FARBEN DER TABAKE

BEZEICHNUNG	FARBE	BEMERKUNGEN
Clarissimo oder grün	grün	Die Farbenskala reicht, nach Herkunft und Bearbeitungsmethode der Blätter, von Gelbgrün bis zu einem hellen Olivgrün. Das Blatt wird vor Sonne geschützt und vor der Reife gepflückt, das Chlorophyllgrün wird durch Trocknen über einem Holzkohlenfeuer fixiert. Die Amerikaner führten in den Fabriken der Tabacalera, die ihnen einst gehörte, die Herstellung von Clarissimos ein. Sie wurden nur von Amerikanern geraucht, und alle berühmten Marken, die grüne Zigarren herstellen, sind amerikanisch: Robert Burns, Dutch Master und King Edward, die in Europa am bekanntesten sind, sowie Hava Tampa, Casanovas und House of Windsor. Grüne Zigarren haben brüchige Deckblätter und sind deshalb schwer aufzubewahren. Sie sind extrem leicht im Geschmack und haben wenig Aroma, ein Zeichen mangelhafter Reife.
Doble claro oder claro claro	blond	Man erhält diese Farbe, indem das Blatt vor Ende der Reife gepflückt und rasch getrocknet wird, meist über einem Holzfeuer oder sogar, wie noch vor kurzem, mit Kerzen; dadurch bleibt die Farbe blaß. Hoyo de Monterrey, Por Larrañaga, La Corona und Quai d'Orsay sind kubanische Marken, die heute die hellsten Zigarren herstellen.
Claro	tabakbraun (tabakgelb)	Auch die Claro-Tabake werden noch vor Ende der Reife gepflückt, mehrere Wochen vor den Maduros, und rasch luftgetrocknet. Sorten: Montecristo N° 4 und Coronas claro von Quai d'Orsay. Heute sind diese Zigarren in Europa bei den Rauchern am beliebtesten. Die Claros sind leichte Zigarren.
Colorado claro	hellbraun	Es sind die oberen Blätter der Pflanze, die mehr Sonnenstrahlung abbekommen haben als die oben beschriebenen und deren Reifung an der Pflanze und nach dem Pflücken länger dauert, so daß sie diese intensivere Farbe entwickeln. Hier beginnt der Bereich der Brauntönungen und der Tabake mit Körper, vergleichbar einem guten Burgunder des Medoc. Für viele Zigarrenliebhaber gehört dieser Tabak jedoch schon in die allererste Kategorie.
Colorado	mittelbraun	Ein mittleres, intensives Braun, das durch volle Reife entsteht und einer mittleren Tabakstärke entspricht. Beispiele sind die Montecristo N° 1 und die Especial. Die oft unscharfe Grenze zwischen colorado und maduro colorado läßt sich zwischen den Partagas 8–9–8 und den Partagas 8–9–8 im lackierten Kästchen deutlich erkennen.
Maduro colorado	dunkelbraun	Diese Blätter stammen von noch weiter oben an der Pflanze und reifen noch länger. Die Farbe wird immer intensiver, wie es dieser Bereich der Partagas zeigt; die Montecristo N° 3 befindet sich oft an der Grenze zwischen colorado und maduro colorado, die N° 2 ist im allgemeinen eindeutiger maduro colorado.
Maduro	schwarzbraun	Bei diesen letzten Tönen handelt es sich um die obersten Blätter, deren Reifung unter unbehinderter Sonneneinstrahlung so lange wie möglich ausgedehnt wurde und die man auch in der folgenden Behandlung möglichst lange reifen ließ. Manche Deckblätter der Romeo y Julieta Churchill von Partagas nähern sich manchmal dem maduro. Insgesamt sind das Zigarren für sehr »starke« Raucher.
Oscuro oder negro oder schwarz	schwarz	Diese Blätter befanden sich an der Spitze der Pflanze, haben am meisten Sonne bekommen und haben die längsten und intensivsten Reife- und Fermentationsprozesse durchgemacht. Raucher der Clarissimo beurteilen diese Zigarren als »unmöglich zu rauchen«. Sie behaupten sogar, sie »töten die Geschmacksnerven«. Die meisten schwarzen Deckblätter findet man bei den brasilianischen Zigarren.

Es ist unmöglich, die Kategorien aller verschiedenen Farbnuancen der Tabake in einer Tabelle wiederzugeben. Hier kann nur die grundsätzliche Farbeinteilung dargestellt werden, alle Zwischenstufen müssen unberücksichtigt bleiben. Die Fabriken in Kuba haben lange Zeit mehr als 200 Farbnuancen im Verzeichnis geführt. Heute sind es für die Deckblätter noch 60, die hauptsächlich zwischen den Claros und den Maduros liegen. Die Unterschiede zwischen den einzelnen Tönungen sind oft kaum zu erkennen.

Das Format. Die Maße sowie Form und Durchmesser der Zigarre bestimmen ihr Format. Die großen Hersteller in Kuba, allen voran José Gener und Partagas, haben unendlich viele Formate entwickelt. Bizarre Formen, wie etwa die *culebras,* die aus drei, miteinander zu einem Zopf verflochtenen Zigarren bestehen; seltsame Formen, die bauchigen Geschossen ähneln, wie zum Beispiel die Montecristo N° 2; schlanke Zigarren, wie die *panetelas;* klassische Formen, wie die Corona. Durchmesser und Ausformung des Körpers, des Kopfes und des Brandendes variieren von Zigarre zu Zigarre, bis hin zu den berühmten und charakteristischen Elefantenfüßen der Zigarren von Manila. Die Geschichte der Marken ist geprägt von den unwahrscheinlichsten und originellsten Formaten, von den *microscopicos* bis zu den *immensas.* Für ihre illustren und privilegierten Kunden hatten diese Hersteller stets spezielle Zigarren bereit. Obwohl die Stärke einer Zigarre zu einem großen Teil unmittelbar durch die Qualität des Tabaks bestimmt ist, der für die Einlage verwendet wurde, so spielt doch auch das Verhältnis von Länge zu Durchmesser eine große Rolle.

Der Durchmesser wirkt sich unmittelbar auf die Geschwindigkeit des Zuges aus. Ein großer Querschnitt bedeutet einen langsamen Zug, wodurch der Rauch kühler und weniger voll in den Mund gelangt, aber auch runder schmeckt. Zigarren mit acht, zwölf, 16, 20 oder 24 Zentimetern Länge und Durchmessern von acht bis 15 Millimetern variieren hinsichtlich des Geschmacks, des Aromas, der Stärke und des Genusses völlig, selbst wenn sie mit den gleichen Einlageblättern, den gleichen Umblättern und den gleichen Deckblättern in gleicher Zusammen-

Die Vista einer amerikanischen Marke, eine Hommage an die Anfänge der Luftfahrt (links).
Von links nach rechts fünf der geläufigsten Zigarrenformate (linke Seite): eine große Corona (Doppel-Corona), zwei Lonsdales, eine Pyramidos, eine Corona, eine kleine Corona (Auswahl der Boutique 22 in Paris).

Paul Newman (unten) besitzt eine ausgesprochene Vorliebe für die Panetela, eine schlanke Zigarre von etwa 15 Zentimetern Länge.

DIE ZIGARRENFORMATE

FORMAT	LÄNGE	DURCH-MESSER	KOPF	KÖRPER	BRANDENDE	BEMERKUNGEN	SORTEN
Halb-Corona	7 bis 8 cm	13 bis 15 mm	rund, geschlossen	gerade mit parallelen Seiten	gerade abgeschnitten	Diese kurzen Zigarren sind sehr angenehm und beruhigen die Nerven	Montecristo N° 5, Punch N° 3
Demi-Tasse	8 bis 10 cm	10 bis 15 mm	rund, geschlossen	gerade mit parallelen Seiten	gerade abgeschnitten	Wenn auch der Durchmesser eine Spur geringer ist als bei der vorhergehenden, bietet diese Zigarre doch den typischen Corona-Genuß	Demi-Tasse von Rey del Mundo, von Rafael Gonzalez
Kleine Corona	10 bis 12 cm	15 bis 17 mm	rund	gerade mit parallelen Seiten	gerade abgeschnitten	Vom Format fast wie die Corona, gleicher Durchmesser, um 1 bis 2 cm kürzer	Montecristo N° 4, Kleine Coronas von Bolivar, Rey del Mundo, Romeo y Julieta Cedros de Luxe N° 3
Culebras	um 10 cm	um 10 mm	geschlossen	flach, je drei Stück zu einem Zopf verflochten	gerade abgeschnitten	In Europa fast unbekannt; auch in Kuba wird sie immer weniger verlangt	
Chicos	10 bis 12 cm	10 bis 12 mm	offen	zylindrisch	gerade abgeschnitten	Eine dem Zigarillo sehr ähnliche Zigarre. Im Gegensatz zu diesem jedoch aus ganzen Tabakblättern	Chicos de Partagas
Panetela fina und Panetela normal	12 bis 13 cm 10 bis 18 cm	11 bis 13 mm	rund und geschlossen, manchmal offen	gerade mit parallelen Seiten	gerade abgeschnitten	Sehr schlank; beliebt, vor allen bei Frauen. Hat jedoch aufgrund des geringen Querschnitts einen schweren Zug	**Fina:** Delgados, Chicos von Partagas, Punch, Rafael Gonzalez **Normal:** Panetelas largas von Rey del Mundo, Montecristo, Por Larraga, Punch Margaritas, Quai d'Orsay

FORMAT	LÄNGE	DURCH-MESSER	KOPF	KÖRPER	BRANDENDE	BEMERKUNGEN	SORTEN
Perfecto	10 bis 18 cm	13 bis 16 mm	halbspitz, geschlossen	zylindrisch	spitz oder halbspitz, geschlossen oder offen	Gerät mehr und mehr außer Mode	In Deutschland nicht mehr auf dem Markt
Pyramidos	10 bis 17 cm	13 bis mehr als 20 mm	spitz, geschlossen	zylindrisch	gerade abgeschnitten	Von großen Rauchern nach den Torpedos am meisten begehrt	Montecristo N° 2, Länge 156 mm, Durchmesser 20,3 mm, Gewicht 12,9 kg
Corona	14 cm 13 bis 15 cm	15 bis 17 mm	rund, geschlossen	gerade mit parallelen Seiten	gerade abgeschnitten	Das klassische Format der Havannas. Für sie ist der Begriff Corona fast ein Synonym	Montecristo N° 3, Coronas de Luxe von Rey del Mundo, Coronas Extra von Bolivar
Lonsdale	17 bis 18 cm	15 bis 17 mm	rund, geschlossen	gerade mit parallelen Seiten	gerade abgeschnitten	Klassisch; abgesehen von der Doppel-Corona das größte Format	Montecristo N° 1, Punch N° 7
Große Corona oder Doppel-Corona oder *corona grande*	22 bis 24 cm 17 bis 24 cm	18 bis 20 mm	rund, geschlossen	gerade mit parallelen Seiten	gerade abgeschnitten	Der Rolls-Royce unter den Zigarren	Montecristo »A«, Punch, Hoyo de Monterrey, Partagas, Lusitanias, Romeo y Julieta Churchill, Ramon Allones, Rey del Mundo, H. Upman
Torpedo oder Magnum	14 bis 25 cm und länger	18 bis 25 mm und mehr	spitz, geschlossen	bauchig	spitz oder halbspitz, meist geschlossen	Bis Anfang dieses Jahrhunderts von den Großen dieser Welt bevorzugt, heute fast völlig verschwunden	La Escepcion von José Gener, wie die Havana Club im schmucken Einzelkästchen aus Holz, in Spanien noch leicht zu bekommen

Diese Tabelle gibt selbstverständlich nur die Größenordnungen an. Jede Marke hat da ihre eigenen Größennormen, wie es bei einem von Hand gefertigten Produkt normal ist.

setzung hergestellt wurden. Und so gliedern sich die klassischen Zigarrenformate von der kürzesten, der kleinen Corona, bis zur längsten, der Doppel-Corona.

Die Ansicht, je dicker eine Zigarre sei, desto stärker sei sie auch, ist ein weitverbreiteter Irrtum. In Wirklichkeit ist eine Zigarre desto milder, je größer ihr Querschnitt ist. Eine dicke Zigarre hat einen viel leichteren Zug, und Neulinge sollten zunächst mit einem ordentlichen »Kaliber« beginnen, um danach bei anderen Formaten nach mehr rundem oder mehr scharfem Aroma Ausschau zu halten. Mit einer dicken Zigarre verbindet der erfahrene Raucher Geschmack, Körper und Aroma. So sind die Doppel-Corona von Punch oder von Hoyo de Monterrey, die Partagas Lusitanias sehr viel duftiger, als ihre Größe vermuten läßt. Die Romeo y Julieta Churchill, neben den gerade genannten Zigarren eine »kleine« Doppel-Corona, ist deutlich stärker. Eine kleinere Upmann entwickelt eine Strenge und eine Schärfe, wie sie bei diesen dicken Zigarren nie auftritt; sie werden nur von Rauchern gefürchtet, die sie nicht kennen, und sehr zu Unrecht.

Die Aufbewahrung. Die Art der Aufbewahrung von Zigarren ist für ihre Qualität und den Genuß, den sie bieten sollen, von eminenter Wichtigkeit. Auch der Raucher selbst kann hier einiges bewirken. Leider ist nicht nur beim Verbraucher, sondern auch bei Wirten und bei Händlern die Kunst des Aufbewahrens zuwenig verbreitet, obwohl sich die Fachleute von Davidoff und der Coprova seit Jahren bemühen, darüber aufzuklären und Verständnis zu wecken.

Wie jeder weiß, müssen Weine unter bestimmten Temperatur-, Feuchtigkeits- und Lichtverhältnissen gelagert werden. Auf Zigarren trifft dies genauso zu. Ebenso wie der Wein, »arbeitet« auch die Zigarre, solange sie lebt, und wie er, wird sie mit dem Alter besser. Eine richtig gepflegte Havanna kann sich länger als 15 Jahre halten. Nur wenige Spitzenweine – die außergewöhnlichen Jahrgänge – können so lange gelagert werden. In Europa sieht sich der Raucher kaum in der Lage, »Primeur«-Zigarren anzubieten, um in der Wein-Sprache zu bleiben. Der Tabak der jüngsten Zigarren, die uns aus Kuba erreichen, ist bereits mindestens zwei Jahre alt, stammt meist sogar aus Ernten, die drei oder vier Jahre zurückliegen. Eine edle Havanna verliert also durch das Lagern in unseren Breitengraden nichts. Ebenso wie der Wein manchmal im Frühling in der Flasche »arbeitet«, schwitzt die Havanna in ihren ersten zwei Jahren, manchmal sogar noch im dritten, in der Zeit, in der die Pflanzen in der Vuelta Abajo blühen, ein wenig ölige Substanz aus. Man nennt dies die »Blüte«. Im Laufe der Jahre verändern sich die in der Zigarre vereinten Tabake ein wenig. Wie der Wein, reift die Zigarre.

Die Grundregeln, die zu beachten sind, um eine Zigarre in gutem Zustand zu erhalten, sind einfach, sie müssen nur genau befolgt werden.

Erste Regel: Eine Zigarre darf nie der Sonne oder dem Licht ausgesetzt werden, denn sie würde ausbleichen und austrocknen.

Zweite Regel: Eine Zigarre darf niemals kalt und noch weniger im Kühlschrank gelagert werden. Dies ist eines der wenigen absoluten Verbote, die in diesem Buch ausgesprochen werden, denn Kälte tötet die Zigarre ab, ebenso wie den Wein; sie macht die Blätter noch schneller brüchig als Trockenheit.

In den Verzeichnissen der Manufakturen von Havanna sind mehr als 950 Zigarrenformen registriert. Hier werden fünf verschiedene Corona-Größen gezeigt (linke Seite, die ersten fünf von links). Neben der traditionellen Form mit parallelen Seiten findet man andere Modelle wie die etwas bauchige Perfecto (zweite von rechts). Unübertroffen an Exzentrizität bleibt jedoch die Culebra (ganz rechts), die aus drei miteinander verflochtenen Zigarren besteht; für sie schwärmte der Psychoanalytiker Jacques Lacan (Auswahl der Boutique 22 in Paris). Die Medaillon-Porträts auf den Vistas waren früher einmal sehr in Mode (unten).

Wie ein großer Wein, »arbeitet« auch eine große Zigarre immer weiter. Sie muß deshalb zur Erhaltung ihrer Qualitäten unbedingt unter guten Feuchtigkeitsbedingungen aufbewahrt werden. Die ideale Luftfeuchtigkeit läßt sich nur mit Hilfe eines Humidors aufrechterhalten.
Der Behälter aus Silber und Elfenbein von Tiffany (rechte Seite) und der Zigarrenkasten aus dem 19. Jahrhundert (unten) sind sicherlich schöne Sammlerstücke, doch zur Aufbewahrung von Zigarren eignen sie sich kaum. Auch wenn man sie in ihrer ursprünglichen Kiste läßt (rechts) und keine sonstigen Vorkehrungen trifft, ist die Konservierung nicht gewährleistet.

Dritte Regel: Die Zigarre wird bei einer Temperatur von 15 bis 20°C aufbewahrt (maximal 25°C).

Vierte Regel: Die Zigarre soll bei 60 bis 70 Prozent Luftfeuchtigkeit (maximal 75 Prozent) aufbewahrt werden, sonst schmeckt sie nicht.

Fünfte Regel: Häufige und starke Temperatur- und Feuchtigkeitsschwankungen sind zu vermeiden.

Diese Regeln sind einfach. Sie entstammen weder einer persönlichen Marotte, noch sind sie das Ergebnis wissenschaftlicher Experimente. Es werden einfach die klimatischen Bedingungen Kubas und der Karibik nachgeahmt, der Breitengrade also, in denen der Tabak zu Hause ist; sie dienen als Hilfestellung zur Erhaltung der Qualitäten des getrockneten Tabaks und seines Aromas.

Der Feuchtigkeitsgehalt beeinflußt den Geschmack der Zigarre am nachhaltigsten. Die gleiche Zigarre ist, vor allem bei den ersten Zügen, ein Genuß oder ein Alptraum, je nachdem ob sie die richtige Feuchte besitzt oder nicht. Trockenheit und Kälte fördern die Schärfe; Feuchtigkeit und Wärme fördern das Aroma.

Um die klimatischen Bedingungen Kubas in anderen Breitengraden herzustellen, braucht man einen Feuchtebehälter. Es gibt sie in allen Größen, vom Standardkästchen mit einem porösen Stein im Deckel bis zu gewaltigen Feuchteschränken, die wahrhaftig verdienen, Zigarrenkeller genannt zu werden. Die Kosten für diese Schränke gehen in die Zigtausende. Sie sind mit ausgeklügelten Kontrollsystemen für den Feuchtegehalt und die Temperatur ausgestattet und besitzen natürlich eine eingebaute Klimaanlage. In der Boutique 22 in Paris gibt es diese Schränke in ausgezeichneter Qualität.

Für einen regelmäßigen Raucher genügt eine Feuchtekiste, die 100 Montecristo N° 1 faßt, vollkommen; er kann darin seinen monatlichen Bedarf aufbewahren, indem er jede Woche ein Viertel nachfüllt. Abgesehen von den »Rolls-Royce« der Feuchteschränke, die von Davidoff entworfen und hergestellt werden und in denen die Temperatur ständig automatisch geregelt wird, gibt es auch einfachere und weniger kostspielige Lösungen. Zum Beispiel

Dieser große Humidor (oben rechts), den die Fachleute von Davidoff entwarfen, ist vielleicht weniger ästhetisch, jedoch sicherlich viel effektiver als das Napoleon-III-Zigarrenschränkchen (oben). Dieses Stück ist, wie auch der Aschenbecher aus der gleichen Epoche (rechts), im Seita-Museum in Paris ausgestellt.

Feuchtekisten, unter deren Deckel ein kleiner Behälter mit einem nassen Schwamm angebracht ist sowie ein kleines Thermometer und ein Feuchtigkeitsmesser. Diese Kisten eignen sich ausgezeichnet zum Aufbewahren der Zigarren. Vor kurzem ließen wir einen Mitarbeiter von Cubatabaco eine Havanna Club von Dunhill kosten, die drei Jahre lang in einer solchen Kiste gelagert hatte. Er staunte über den guten Zustand und die Geschmeidigkeit dieser königlichen 24-cm-Zigarre. Wir raten allerdings von Feuchtekisten mit einem porösen Stein ab. Abgesehen von der Umständlichkeit, den Stein recht häufig befeuchten zu müssen, haben sie auch noch den Nachteil einer weniger konstanten Luftfeuchtigkeit.

In Zigarrenkisten, die zu klein sind, um sie zu richtigen Feuchtekisten auszubauen, kann man ebenfalls angemessene Aufbewahrungsbedingungen erzeugen, indem man jeweils eine Zigarre durch eine gleich große Glasröhre austauscht; diese Röhre ist an beiden Enden offen und enthält einen Schwamm, der regelmäßig, das heißt einmal pro Monat oder alle drei Wochen, feucht gemacht wird, je nach Luftfeuchtigkeit der Umgebung. Sollte die so erzeugte Feuchtigkeit nicht ideal sein, so ist dies jedoch auch kein Grund zur Besorgnis. Selbst eine völlig ausgetrocknete Havanna gewinnt nämlich ihre Geschmeidigkeit nach sechs Wochen oder zwei Monaten in einer Umgebung mit der richtigen Luftfeuchtigkeit zurück. Doch wenn die Zigarre eine derartige Roßkur auch einmal ohne Folgen übersteht, so sollte man ihr dies doch nicht mehrmals zumuten; das Deckblatt würde dabei zu Schaden kommen, denn es kann sich nicht unbegrenzt zusammenziehen und wieder ausdehnen. Weicht die Zigarre jedoch nur leicht von dem gewünschten idealen Zustand ab, so ge-

nügen eine oder zwei Wochen in einem gut regulierten Feuchtebehältnis, und sie gewinnt ihre Vollkommenheit zurück.

Bei einer relativen Luftfeuchtigkeit von 70 Prozent enthält das Tabakblatt etwa 13,5 Prozent Wasser. Dies ist das ideale Verhältnis. Bei kontrollierter Luftfeuchtigkeit wird dieser Wassergehalt durch Temperaturschwankungen zwischen + 5° und + 35° kaum beeinflußt. Die Temperaturunterschiede wirken sich jedoch verhängnisvoll auf die Widerstandskraft der Blätter aus, wenn sie bei einer schlecht geregelten Luftfeuchtigkeit oder gar bei Trockenheit stattfinden. Es ist daher außerordentlich wichtig bei der Lagerung von Zigarren, sie immer feucht zu halten.

Das Rauchen. Die Zigarre ist ausgewählt, nun soll sie geraucht werden. Glücklicherweise gibt es dafür keine Regeln. Man raucht, wie man ißt, wie man trinkt, einfach, wie es einem am besten schmeckt. Das ist das einzige Gesetz. Wir lehnen es jedoch nicht nur ab, irgendein einschränkendes Prinzip aufzustellen, wir wollen auch ein für allemal mit allem abrechnen, was seit mehr als einem Jahrhundert an grundfalschen Gedanken verbreitet wurde und von zahlreichen intoleranten Geistern noch immer in einer Art gepredigt wird, die manchmal an geistigen Terrorismus grenzt.

Der Vorurteile gibt es viele, und sie halten sich zäh. Manche gehen zum Beispiel so weit, daß sie sich bei einem körperlich kleinen Raucher über dessen Vorliebe für große Zigarren wundern, als wäre eine be-

Das Zigarrenetui, ein unverzichtbares Requisit für jeden Raucher, dem die Qualität und die Erhaltung seiner Zigarren am Herzen liegt, ist eine alte Erfindung. Heute eher von nüchterner, strenger Form (oben links: ein Modell von Cartier), wurden Etuis im 19. Jahrhundert reich und auf vielfältigste Weise verziert (unten links). Der Präsentationsbehälter für den Verkauf (oben) stammt aus der gleichen Zeit.

stimmte Körperstatur mehr für eine Magnum, eine andere mehr für eine Panetela geeignet. Und doch wird das Bild einer Super-Zigarre meist mit einer mächtigen Gestalt und einem dicken Bauch assoziiert. Dicke Zigarren für Faruk, Churchill, John Wayne oder Orson Welles; ein solch schnödes Spiel hätte für den Maler Toulouse-Lautrec, klein von Gestalt und ein großer Raucher, wohl gar nur eine Delgado oder höchstens eine Demi-Tasse übrig! Die Geschmäcker

sind verschieden, aber das Zigarrenformat an die Körpermaße des Rauchers anpassen zu wollen ... das ist denn doch eine arge Verirrung!

Ebensowenig billigen wir den Versuch, einen festen Zusammenhang zwischen der Stärke einer Zigarre und dem Zeitpunkt, zu dem man sie raucht, zu behaupten. Es ist nichts dagegen einzuwenden, daß man bei verschiedenen Weinen, die man im Verlaufe eines Essens trinken möchte, mit dem leichtesten anfängt und mit dem schwersten das Mahl beendet. Jeder weiß, daß man bei umgekehrter Reihenfolge den leichten Wein nicht mehr würdigen kann, da die Geschmacksnerven schon zu sehr beansprucht wurden. Doch hat sich noch niemand dagegen ausgesprochen, daß zu Mittag ein kräftiger Wein getrunken wird und zum Abendessen ein leichterer. Warum also sollte man bei der Zigarre unbedingt morgens mit einer leichten anfangen und sich dann bis zum Abend laufend steigern?

Wenn man diesen Zigarrentheoretikern glauben wollte, wären viele Raucher entweder verrückt, krank oder abartig. Wir kennen etliche, denen es ein großes Vergnügen ist, vor dem Schlafengehen eine kräftige Corona noch halb zu rauchen und sie dann am nächsten Morgen nach dem Aufstehen zu Ende zu rauchen. Gérard senior, einer der berühmtesten zeitgenössischen Zigarrenhändler, tut dies, ebenso der Schriftsteller Daniel Boulanger. Wer wagte es, sie zu verurteilen? Rauchen Sie also, wie es

Der italienische Industrielle, von Sander fotografiert (linke Seite), ist eine wunderbare Illustration des Ausspruchs von George Sand: »Die Zigarre ist ein unverzichtbares Accessoire im Leben eines jeden eleganten Müßiggängers.« Für Anne-Marie de Rougemont (links) ist die Zigarre mitunter ein äußeres Zeichen inneren Reichtums. Diese Anhängerin der 8–9–8 von Partagas kam schon als Kind auf den Geschmack, als sie ihrem dänischen Großvater mit ritueller Regelmäßigkeit nach jeder Mahlzeit die Zigarre anzündete.
W. C. Fields (unten), der Komiker mit dem unterkühlten Humor, trug viel zum Ruhm der Zigarre in den Studios von Hollywood bei.

In seinen letzten Jahren konnte sich Orson Welles nur noch unter größten Mühen bewegen. Seinen letzten Genuß stellten die Zigarren dar, und zwar ausschließlich kubanische Doppel-Coronas.

Ihnen gefällt. Und kümmern Sie sich nicht um die Schulmeister. Je mehr sie über das sprechen, was sie großartig die Kunst des Rauchens nennen, desto weniger rauchen sie im allgemeinen selbst.

Eine Zigarre hat nichts mit Definitionen, aber viel mit Empfindungen zu tun. Eine Zigarre mit den Augen genießen heißt, angesichts ihrer Schönheit träumen, die Nuance eines Deckblattes bewundern, so wie man vor dem Gemälde eines Meisters verharrt. Die Zigarre mit den Fingern genießen heißt zunächst, ihre seidenweiche Haut zu erfühlen; dann ihre Erscheinung insgesamt zu erfassen, indem man sie mit dem Blick mißt und mit einem Tasten der Finger begutachtet.

Das prüfende Befühlen der Geschmeidigkeit einer Zigarre ist fast wie eine Aufnahmeprüfung zu einem höheren Seinszustand. Hat man einmal genügend Erfahrung, dann kann man mit dieser einzigen Prüfung nicht nur in weitem Maße die Qualität einer Zigarre bestimmen, sondern auch fast unfehlbar einschätzen, welchen Genuß sie bieten kann. Beim Überprüfen ihrer Geschmeidigkeit läßt sich zugleich ihr Feuchtigkeitszustand feststellen, der Auskunft über die Entfaltung des Aromas gibt, sowie die Herstellungsqualität, die für den Zug der Zigarre wichtig ist. Knoten in der Einlage zum Beispiel – die sich mit dem Finger ertasten lassen – oder auch Stellen mit zuwenig Einlage im Zigarrenkörper behindern ihren Zug, wenn sie ihn nicht ganz unmöglich machen.

Das Einschneiden. Die erste und einzige Vorbereitung vor dem Anzünden besteht darin, den Kopf der Zigarre zu öffnen. Auch hier stehen sich wieder verschiedene Auffassungen gegenüber: Für die einen kann die korrekte Öffnung nur mit einer Guillotine oder aber mit einer Rundschere erreicht werden, für die anderen ist das Öffnen mit den Zähnen der Ausweis des großen Rauchers. Diese beiden Richtungen sind sich nur über eines einig, daß nämlich das Öffnen mit einem Ritzmesser verboten werden muß, denn es zerstört die

Der im Mai 1989 verstorbene italienische Filmregisseur Sergio Leone (linke Seite) hat den Mythos der Zigarre in den zeitgenössischen Film eingeführt. Der Meister des Italo-Western stattete seinen Lieblingsschauspieler Clint Eastwood mit einem Bart, einem Poncho und der ewigen kleinen Zigarre aus. Doch Sergio Leone war auch persönlich einer der wenigen großen Zigarrenkenner unter den Italienern. Als eingefleischter Havanna-Raucher schrieb Sergio Leone übrigens auch eine kurze Abhandlung über die Ästhetik der Doppel-Coronas. »Sie entsprechen meiner Konstitution, physisch wie sinnlich«, betonte er.
Die Welt des Films und des Showgeschäfts wimmelt von mondänen Rauchern, für die es irgendwie dazugehört, mit einer Zigarre im Mund zu erscheinen. Philippe Noiret (oben links) und Jacques Dutronc (unten) gehören zu den wirklichen Rauchern. Was Zigarren betrifft, sind die beiden Experten, und mit den Doppel-Coronas von Punch und Hoyo de Monterrey treiben sie einen regelrechten Kult.

Auch unter den Journalisten gibt es zahlreiche Zigarrenraucher. Manche sind sogar Mitglieder von Zigarren-Clubs. Pierre Salinger (links), ein eingefleischter Raucher, erzählt, daß Präsident Kennedy ihn am Vorabend der Blockade Kubas aufforderte, sich mit 1000 Upmann zu versorgen. Als diese am nächsten Tag beschafft waren, unterzeichnete Kennedy ein Dekret, das die Einfuhr von Havannas in die Vereinigten Staaten verbot.
Bevor die kubanische Regierung das Garantiesiegel einführte, hatten die Marken ihre eigenen Siegel (unten: Vista und Garantiesiegel in drei Sprachen für eine Zigarrenkiste von Partagas).

Zigarre, indem es ein Loch in den Luftkanal macht. Sie sind sich auch ziemlich einig in der Verdammung der Zigarreabschneidemesserchen oder der Kerbenschneider, die bei Zigarren einer gewissen Größe keine genügend große Öffnung schneiden können, um den optimalen Rauchgenuß zu gewährleisten. Ohne daß wir ein Prinzip verteidigen wollen, schneiden wir unsere Zigarren mit der Guillotine ein oder beißen sie auf. Wir haben uns eigentlich auch nie Gedanken darüber gemacht, warum wir im jeweiligen Augenblick die eine oder die andere Methode anwenden. Und wir wollten uns wohl auch nie eine andere Methode aufdrängen lassen als die, die wir gerade ganz spontan und instinktiv anwenden. Es muß einmal gesagt werden, daß jeder Raucher seine eigenen Vorlieben hat und daß es an der Zeit ist, dies zu respektieren.

Während unserer Reisen in Kuba hatten unsere Gesprächspartner, aus welchem sozialen Milieu sie auch stammten, welche Funktion sie auch bekleideten und welche Zigarre sie auch rauchten, alle ohne Ausnahme die Angewohnheit, sie aufzubeißen. Als uns in einer Fabrik die Verantwortlichen Guillotinen anboten, betonten sie dabei, daß dies Geschenke für »Fremde« seien. Das Verwenden eines solchen Hilfsmittels ist nämlich für jeden Kubaner eine Beleidigung. Zigarren, die die richtige Feuchte haben, lassen sich tatsächlich leicht aufbeißen. Wenn die Zigarren uns jedoch in Europa erreichen, sind sie oft zu trocken, als daß man auf die Guillotine verzichten könnte.

Letztendlich ist nur eines wichtig: Die Öffnung muß groß genug sein, um einen guten Zug zu ermöglichen. Das heißt, sie muß etwas kleiner als der Durchmesser des Zigarrenkörpers sein, und sie muß saubere Kan-

Während in Kuba die meisten Raucher den Kopf ihrer Zigarre aufbeißen, hat sich bei den Rauchern in Europa die Verwendung von Zigarrenabschneidern eingebürgert. Es gibt sie in allen möglichen Arten und Preislagen (linke Seite), von der großen Guillotine mit schräger Schneide aus massivem Silber (ganz links) bis zur kleinen Taschenguillotine aus Kunststoff (oben), nicht zu vergessen die Schere aus gehärtetem Stahl (rechts) und die Taschen-Doppelguillotine von Davidoff (unten), eine Neuheit unter den Zigarrenabschneidern. Das Rauchen und der Rauch waren beliebte Motive der Jugendstil-Künstler (Mitte oben: Vista einer belgischen Fabrik).

Die Zigarrenleidenschaft führt zu allen möglichen Begegnungen und Freundschaften. Unten: der Sänger Frank Sinatra (rechts) zusammen mit dem Pianisten Arthur Rubinstein (links).

Mit 22 Jahren entdeckte Winston Leonard Spencer Churchill (rechts und unten) während seiner Militärzeit in einer Garnison in Havanna die Zigarre. Als er 69 Jahre später starb, hatte der »alte Löwe« an die 250000 Zigarren geraucht, das sind mehr als 3000 pro Jahr. Seine politischen Gegner hatten oft versucht, diese nie nachlassende Besessenheit gegen ihn zu benutzen. Er bevorzugte Doppel-Coronas, die er regelmäßig unter den »maduro« wählte. Dieses Format wurde so sehr mit seiner Person verbunden, daß zahlreiche kubanische Marken ihren größten Zigarren den Namen »Churchill« gaben.

Jules Sandeau machte 1856 eine Feststellung, die noch immer zutrifft: »Unsere modernen Berühmtheiten erheben sich heute überhaupt nur noch in einer Rauchwolke« (rechte Seite).

ten haben. Wenn Raucher dabei einen Fehler machen, dann den, daß sie eine zu kleine Öffnung schneiden. Das richtige Maß ist Erfahrungssache. Bei Zigarren mit geradem Körper ist dies nicht ganz einfach, doch bei geschoßförmigen Köpfen ist es kinderleicht. Bei der Montecristo N° 2 zum Beispiel schiebt man den Zigarrenkopf so weit es geht in das Loch einer kleinen Guillotine und kappt die herausragende Spitze. Das Ergebnis ist vollkommen.

Das Anzünden. Der einzige Punkt, in dem wir uns mit den Theoretikern einig sind, betrifft das Anzünden. Wenn dies auch ohne Theater oder Zeremoniell vor sich gehen sollte, so muß ihm doch Sorgfalt und Aufmerksamkeit gewidmet werden. Das generelle Verbieten des Feuerzeugs ist hier wieder eine der etwas lächerlichen schulmeisterlichen Reglementierungen, die an der Sache vorbeigehen. Wichtig ist, daß nichts verwendet wird, was einen Geruch ausströmt. Benzin- oder Zunderfeuerzeuge, Wachsstreichhölzer, Duftholzstäbchen oder auch zusammengedrehtes Papier dürfen daher nicht benutzt werden.

Das richtige Anzünden ist für den Rauchgenuß eine entscheidende Voraussetzung. Man muß sehr geschickt und erfahren sein, wenn man einen vollkommen gleichmäßigen Brand erzeugen will. Es gibt jedoch eine einfache und zuverlässige Methode: Man verschafft sich zunächst eine gute Flamme – mit einem Gasfeuerzeug oder mit einem dicken, sieben bis acht Zentimeter langen, langsam brennenden Streichholz. Dann nähert man die Zigarre der Flamme bis auf ungefähr einen Zentimeter. Man dreht sie dabei sorgfältig zwischen den Fingern, damit ihre ganze Brandfläche der Flamme gleichmäßig aus-

gesetzt ist. Das ist alles. Nachdem man diese Behandlung etwa 15 Sekunden lang durchgeführt hat, nimmt man die Zigarre einfach in den Mund, nähert ihr die Flamme und macht den ersten Zug. Ohne alles Getue, Wiederanwärmen oder sonstige Zirkuskunststückchen, ohne jedes Brimborium und Theater, wie es in manchen Restaurants aufgeführt wird, wo das Anzünden einer Zigarre zu einem Schauspiel gemacht wird wie das Flambieren einer Crêpe Suzette am Tisch.

Wir wünschen nicht, daß irgend jemand unsere Zigarren anzündet. Die einzige Ausnahme von dieser Regel machen wir – und dabei vereinen sich Hochachtung und Genuß –, wenn wir Gelegenheit haben, in Gesellschaft eines großen Kenners zu rauchen und uns von diesem die Zigarre anzünden zu lassen.

Und wie raucht man nun? Wie es Ihnen gefällt. Alle sind sich einig in der Empfehlung, man solle seine Zigarre in kleinen Zügen oder langsam rauchen. Aber in der Praxis sieht manches anders aus. Es passiert uns, daß wir doppelt so schnell rauchen wie der Nachbar, oder auch doppelt so langsam. Im Auto zum Beispiel zieht der Raucher fast nie an seiner Zigarre; er atmet einfach mit der Zigarre ständig zwischen den Lippen. Man kann durchaus zugleich häufig und langsam ziehen. Das widerspricht sich nicht. So bringt es der Raucher fertig, einen wunderbar kühlen Rauch einzuatmen, der einen großen Teil des Genusses ausmacht. Und nur so kann man das Aroma des Tabaks vollkommen empfinden.

Inhalieren ist dem Pfeifen- oder Zigarrenraucher fast unmöglich. Atmet man jedoch die Hälfte des Rauches durch die Nase wieder aus, so ist das ein besonderer Genuß, man hat die Empfindung, der ganze Kopf schwimme im Rauch.

Halten Sie die Zigarre, wie es für Sie angenehm ist, ohne sich darum zu kümmern, ob man sie mit zwei oder mit drei Fingern halten soll. Um die Zigarre im Mund zu halten, muß der Raucher kräftige Lippen haben, mit denen er auch größere Formate festhalten kann, ohne daß die Zigarre die

Terence Conran, Designer und Inhaber des »Conran Shop« in London und Paris, hier fotografiert von Lord Snowdon (linke Seite), ist ein besonderer Genießer der Zigarre. »Die Zigarre leistet einen wichtigen Beitrag zu dem, was für mich Lebensfreude und -genuß bedeutet«, betont er. »Wenn ich eine Zigarre rauche, gibt mir das bei all dem Streß wieder etwas Gelassenheit und Zufriedenheit. Ich liebe es, in einen Raum einzutreten, der vom Aroma einer guten Zigarre erfüllt ist.« Er geht darin so weit, daß er in seinem Restaurant in dem berühmten Michelin-Building in London Schilder anbringen ließ, die zum Zigarrenrauchen einladen.
Von Freud (unten) bis zu Lacan, beide große Raucher, haben sich Psychoanalytiker schon immer für das Verhältnis des Menschen zur Zigarre interessiert.
Oben links: der Künstler Marcel Duchamp, ein Vertreter des Dadaismus.

Zähne berührt. Eine nasse oder, noch schlimmer, eine zerkaute Zigarre ist ein unfehlbares Zeichen für einen unerfahrenen Raucher. Ansonsten rauchen Sie Ihre Zigarre, wie Sie möchten, zu einem Viertel, einem Drittel, zur Hälfte, zu zwei Dritteln oder bis zum letzten Zug.

Bei gleichmäßigem Ziehen kann sie nicht ausgehen, außer sie ist zu feucht. Aber machen Sie sich auch keine Gedanken um das Wiederanzünden. Man kann eine Zigarre so oft wieder anzünden, wie man will. Und der erste Zug schmeckt nicht besser und nicht schlechter als die anderen. Es genügt, die Asche zu entfernen und die Zigarre wie beim Anzünden an einer Flamme zu drehen, und sie entzündet sich von selbst.

Die Asche der Zigarre wird oft – unverständlicherweise – wie ein Heiligtum behandelt. Bei einer Havanna in gutem Zustand hält sie sich auf eine Länge von zwei bis vier Zentimetern. Wenn man seinen Teppich schonen will, läßt man sie rechtzeitig abfallen, indem man die Zigarre leicht gegen den Aschenbecherrand klopft. Manche Fetischisten fangen die warme Asche in der Hand auf und legen sie dann in den Aschenbecher. Ebenso gibt es Bauchbinden-Fetischisten, die meinen, man müßte die Bauchbinde unbedingt an der Zigarre lassen oder sie unbedingt vorher entfernen. Warum nur? Beim Abnehmen der Bauchbinde ist nur darauf zu achten, daß das Deckblatt nicht verletzt wird. Hat man die Zigarre halb geraucht, so ist der Klebstoff so warm, daß sich die Bauchbinde lösen läßt. Sie können sie nun abnehmen, oder auch nicht.

Auch das Ausdrücken einer Zigarre bietet nicht mehr Geheimnisse als die bisherigen Prozeduren; ein Zigarrenstummel inspiriert nicht zu lyrischen Gedichten, noch weniger ein zerdrückter oder gar ein zerkauter Stummel. Also, was ist schon dabei?

Rauchen Sie leichte oder starke Tabake, große oder kleine Zigarren, mehrere pro Tag, nur nach einer Mahlzeit oder nur an Festtagen, eines ist gewiß: Für jeden Augenblick, jede Stimmung, jeden Geschmack gibt es die passende Zigarre.

Bauchbinde abnehmen oder an der Zigarre lassen: eine Kontroverse, bei der die »Fachleute« geteilter Meinung sind. Gleichzeitig eine sinnlose Frage, die sich noch kein kubanischer Raucher (rechts) jemals gestellt hat.
Wie die Bauchbinde, so wurde auch die Zigarrenasche Gegenstand eines abwegigen Fetischismus und der seltsamsten Tabus. So können sich manche Raucher nicht dazu überwinden, die Asche (rechte Seite) in einem Aschenbecher abzustreifen. Sie warten lieber, bis sie von selbst abfällt, oder fangen sie in der hohlen Hand auf.

LA CORONA
GRAN FABRICA DE TABACOS
SPECIALLY SELECTED FOR L. E.
CABAÑAS
HECHO A MANO EN
LA HABANA, CUBA
CUBAN TOBACCO COMPANY INC. - SUCCESSOR
HABANA
HAND MADE IN
HAVANA, CUBA

DIE GROSSEN MEISTER DER HAVANNA

DAVIDOFF, DUNHILL, GÉRARD

Wenn Zino Davidoff, der berühmte Zigarrenhändler aus Genf, bis zu seinem Tod 1994 als der unumstrittene Papst der Zigarre galt, so hatte Dunhill, dessen Zigarrenauswahl (Seite 140) lange Zeit unvergleichlich war, seinen Ruf schon im 19. Jahrhundert erworben.

Drei Namen prägen wesentlich die Geschichte der Zigarre im 20. Jahrhundert. Davidoff, Dunhill sowie der Vater-und-Sohn-Betrieb Gérard Père et Fils repräsentierten die Haute Couture in der Welt der Zigarre. Mit dem Tod von Zina Davidoff und dem Vater Gérard ist 1994 eine Ära der Zigarre zu Ende gegangen. Wie in der Welt der Mode, des Kinos oder des Sports muß es auch hier Könige, Helden und Stars geben; was wäre der Fußball ohne Pelé, das Kino ohne Charlie Chaplin, die Haute Couture ohne Yves Saint-Laurent und die Havanna ohne Davidoff, Dunhill und Gérard.

Davidoff. Weit mehr als ein halbes Jahrhundert unermüdlich aktiv, war Zino Davidoff bis zu seinem Tod 1994 der unangefochtene Papst der Zigarre, der berühmteste Fachmann auf der ganzen Welt, der Zigarrenkönig. Er verbrachte sein ganzes Leben im Tabakgeschäft, und seine Leidenschaft für die Zigarre hat nie abgenommen. Er baute den Handel mit Havannas auf internationaler Ebene auf und wirkte darauf hin, Produkte von hoher Qualität auch dem einfachen Volk zugänglich zu machen. Diese beiden Leistungen verknüpfen den Namen Davidoff unlösbar mit der Geschichte der Zigarre im 20. Jahrhundert.

»Der Zigarre verdanke ich alles: meine Höhepunkte und meine Qualen, die Freuden meiner Arbeit und meiner Mußestunden, und wenn ich im Laufe der Jahre ein paar philosophische Erkenntnisse erworben habe, so habe ich auch dies der Zigarre zu verdanken.« – Mit diesem Bekenntnis beginnt Zino Davidoff sein »Zigarrenbrevier«. Es stimmt, daß der »kleine Russe«, wie er manchmal genannt wird, mit dem Tabak groß geworden ist. In Kiew mischte sein Vater türkische Tabake. Im Jahre 1911 verschlug es die jüdische Familie aus der Ukraine durch die Pogrome und den Exodus bis nach Genf. Zino war damals fünf Jahre alt; sein Vater eröffnete einen Laden, in dem er Zigaretten verkaufte, die auf orientalischen Mischungen basierten.

»Ich verließ Rußland in einem plombierten Waggon; in Genf fand

Besser als jeder andere verstand es Zino Davidoff, seine Zigarrenleidenschaft anderen zu vermitteln. Als kommunikativer Mensch war er gleichzeitig ein Marketing-Genie. Als er 1947 seine Zigarren nach den größten und kostbarsten Bordeaux-Weinen benannte (rechts: eine Mouton-Rothschild), wurde er damit zum Pionier der gänzlich unerwarteten, aber äußerst erfolgreichen Verbindung von großen Havannas mit großen Weinen.

Die von Davidoff 1947 geschaffene Châteaux-Serie war in Europa ein Bombenerfolg. Sie wurde noch erweitert durch die Kreation der Dom Pérignon, einer bemerkenswerten Doppel-Corona. Seit dem Bruch mit Cuba jedoch werden die Châteaux und die Dom Pérignon nicht mehr hergestellt. (Unten und rechte Seite, von links nach rechts: Davidoff N° 2, die Dom Pérignon, die Mouton-Rothschild und die Château Latour).

mein Vater einen kleinen Laden und machte sich wieder an die Arbeit. Es kamen oft Exilrussen zu uns zu Besuch. Sie bereiteten fieberhaft die Revolution vor. Einer von ihnen beeindruckte mich sehr. Er hatte ein mageres Gesicht und leuchtende Augen. Er sprach laut und nahm sich Zigarren, die er nie bezahlte. Mein Vater wagte es nicht, das Geld von ihm zu fordern. In dem Auftragbuch, das ich als Andenken aufbewahre, steht immer wieder die Bemerkung ›nicht bezahlt‹ neben seinem Namen: Wladimir Uljanow. Damals nannte er sich noch nicht Lenin.« Vielleicht hat Davidoff die Geschichte ein wenig ausgeschmückt, aber nichtsdestoweniger ist es eine hübsche Anekdote.

Im Alter von 20 Jahren brach Davidoff zu einer großen Reise in die Welt der Tabakpflanzungen auf: 1926 und 1927 verbrachte er in Argentinien und Brasilien; in Kuba war er von 1928 bis 1931. Drei Jahre lang lernte er alle Stationen der Tabakbearbeitung kennen. Zwei Jahre nach seiner Rückkehr revolutionierte er ein erstes Mal die Welt der Zigarre: Im Geschäft seines Vaters richtete er den ersten Feuchtekeller Europas ein.

Zino Davidoff genoß damals den Ruf eines seriösen Tabak-, Zigarren- und Zigarettenhändlers; er war der erste in seiner Stadt. Dann brach der Zweite Weltkrieg aus, und im Verlauf dieser Tragödie gewann Davidoff über die Ländergrenzen hinaus Bedeutung. Die kubanischen Zigarrenhersteller waren äußerst beunruhigt über das Schicksal der Millionen von Zigarren, die zu der Zeit in den Freihäfen Europas lagerten, und schlugen Davidoff vor, ihren Vertrieb zu übernehmen. Damit begann sein Ruhm. Der Laden Davidoffs in der Rue de la Rive in Genf wurde, zumindest für ganz Europa, der Mittelpunkt der Welt der Zigarre.

Von 1940 bis 1945 war Zino Davidoff der einzige Botschafter Havannas, die einzige Anlaufstelle für alle Großen dieser Welt, um noch an diese kostbaren Zigarren zu kommen. So gingen bei ihm alle eingefleischten Raucher ein und aus, entweder persönlich, oder sie sandten Beauftragte. Das Leben des einstigen einfachen Händlers hatte sich grundlegend verändert; die Elite der Raucher lag ihm zu Füßen.

Zino Davidoff war von morgens bis abends in seinem Laden anzutreffen, und er erwies sich als bemerkenswertes Verkaufstalent, immer geduldig und einfühlsam. Er verkaufte nicht nur, er erklärte, er beriet, er belehrte seine Kunden über die Havanna; und er machte keinen Unterschied zwischen den Berühmtheiten und dem einfachen Sterblichen. Er war schon immer ein Mann der Kommunikation, eine Gabe, die zum großen Teil seinen Charme ausmachte und seinen Erfolg mitbegründete.

In dem berühmten, heute nicht mehr existierenden Restaurant *Le Globe* in Genf unterhielten sich im Jahre 1946 kubanische Abgesandte darüber, wie nach dem Krieg der Havanna-Handel am besten wieder anzukurbeln sei. Während des Essens kam Davidoff ein Einfall. Er betrachtete die Weinkarte und stellte sich vor, die Zigarren mit den Namen der kostbarsten Bordeaux-Weine zu verbinden. Ein Geniestreich.

Seine Gesprächspartner waren verblüfft. »Wie wollen Sie auf dem europäischen Markt kubanische Tabake in Verbindung mit französischen Weinen einführen, und das unter der Schirmherrschaft eines Russen, der in der Schweiz lebt?« Ihre Einwendungen verunsicherten ihn jedoch nicht einen Augenblick. Und er bewies seine außergewöhnliche Intuition mit diesem Gespür für etwas, für

Die Davidoff-Zigarren wurden von der Elite der kubanischen Zigarrenmacher hinter den Mauern dieses alten Kolonialpalastes (links) am Rande von Havanna hergestellt, wo auch – unter absoluter Geheimhaltung – die berühmten Cohibas gefertigt werden. Die Produktion der Davidoff-Serien wurde jedoch abgebrochen.

das es damals noch keinen Begriff gab: das Marketing.

Und so entstand im Jahre 1947 die berühmte Château-Serie von Davidoff: Château Margaux, die als erste hergestellt wurde, Château Lafite, Château Haut-Brion, Château Latour und Château Yquem, die später Château Mouton-Rothschild genannt wurde, als der Marquis de Lur Saluces gegen die Benutzung seines Markennamens Einwendungen erhob. Die kleinen Coronas Haut-Brion und Lafite, die Coronas Margaux und Latour und die Lonsdale Mouton-Rothschild wurden aus den Tabaken von Hoyo de Monterrey hergestellt, die ebenso wie die von Punch von den besten Deckblatt-Feldern der Vuelta Abajo stammen.

Viele Zigarrenliebhaber betrachteten die »Châteaux« als die Zigarren überhaupt, die man sich um jeden Preis beschaffen mußte, auch wenn es sie lange Zeit fast nur in den zollfreien Läden der internationalen Flughäfen gab. Die Château Margaux war, nebenbei erwähnt, jahrelang, bis sie vom Markt verschwand, die in den *duty free*-Läden in der ganzen Welt am meisten verkaufte Zigarre. Und das Angebot an »Châteaux« wurde mit der neu kreierten Dom Pérignon, einer Doppel-Corona von ausgezeichneter Qualität, noch sehr bereichert. Viele Fachleute hielten jedoch den Preis, insbesondere der Dom Pérignon, aber auch der anderen Davidoff-Zigarren, für zu hoch; und tatsächlich sind die Zigarren mit dem Markenzeichen Davidoff die teuersten auf dem Markt.

Bei der Geschäftsleitung von Davidoff in Basel stieß diese Kritik auf Ärger. Raymond Scheurer, einer der Direktoren, wies sie heftig zurück: »Wir wollen nicht die Teuersten sein, sondern die Besten. Wir schaffen eine so vollkommene Zigarre, wie es nur möglich ist. Und dann, erst dann setzen wir ihren Preis fest. Die Dom Pérignon zum Beispiel wird mit Blättern aus sechs Erntejahren gemacht. In keiner anderen Zigarre steckt so viel Arbeit und Sorgfalt. Wir werden niemals um des Preises willen den Qualitätsanspruch an unsere Zigarren aufgeben.«

Die Kubaner mischten sich in diesen Streit nicht ein. Sie boten jedoch Zino Davidoff im Jahre 1968 an, in Kuba seine eigene Marke zu gründen,

Zino Davidoff, hier mit Fred Chandon von Moët & Chandon (links), hatte sein Reich erweitert. Neben Zigarren, Zigaretten, Pfeifen, Tabaken und allen notwendigen Utensilien für den Raucher verkauft die Gesellschaft Davidoff International inzwischen auch Krawatten. Parfums, Uhren, Cognac, Seidenschals etc....

während ja die Châteaux bis damals zum Sortiment von Hoyo de Monterrey gehörten. Das war ein wirklich ungewöhnliches Angebot, eine Anerkennung für erwiesene Dienste. Zum Erstaunen seiner Gesprächspartner stellte der Händler aus Genf Bedingungen: Er wollte selbst über die Produkte bestimmen, die seinen Namen tragen sollten. Er wollte sämtliche Entwicklungsstufen der Zigarre, vom Pflanzen über die Herstellung bis zum Verkauf, kontrollieren. Und er wollte die Deckblätter, die Tabake und die Mischungen auswählen. Davidoff versicherte, daß ihm dies alles zugestanden wurde. Heute dementieren die Kubaner in aller Form. »Kein Mensch, nicht einmal Davidoff, schrieb uns je in der Herstellung der Zigarren etwas vor«, betonen sie.

Wie dem auch sei, 1969 kamen die Davidoff N° 1 und 2 und die Ambassadrice auf den Markt, und mit den Davidoff 1000, 2000, 3000, 4000 und 5000 gewann das Angebot an Vielfalt. Unter völliger Geheimhaltung kreiert, wurden diese Zigarren von der Elite der Zigarrenmacher in einem alten Palast aus der Kolonialzeit am Rande Havannas hergestellt. Diese Fabrik, die wir nie besichtigen durften, wurde bewacht wie Fort Knox.

Ende der 60er Jahre war der Laden in Genf für die Zigarrenanhänger zur Pilgerstätte geworden; man mußte dort kaufen. Davidoff gab sich jedoch nicht damit zufrieden, reich und von allen verehrt zu sein; er sah sein Alter heranrücken und war besessen von dem Gedanken, sein »Werk« dauerhaft zu machen. Nach mühsamen Verhandlungen verkaufte er dieses »Werk« an Ernest Schneider, den Direktor des alteingesessenen Baseler Tabak-Hauses Oettinger, konnte aber weiterhin in der Firmenleitung tätig bleiben. Der Schweizer Geschäftsmann hatte den »kleinen Russen« dazu überredet, Filialen des Hauses Davidoff in der ganzen Welt zu eröffnen, »ohne an den Geist und die Methoden von Genf zu rühren«, wie er versprach. Zino Davidoff stand dem Projekt skeptisch gegenüber. Er verstand nicht, wozu er sich in New York, London, Frankfurt oder Hongkong niederlassen sollte, wenn doch die ganze Welt zu ihm nach Genf kam.

Ernest Schneider machte Davidoff International zu einem Riesenerfolg. Seither ist die Firma in 35 Ländern vertreten, und die Davidoff-Läden bieten neben Raucher-Utensilien zahlreiche andere Luxusartikel an. Da gibt es eine Davidoff-Uhr, Davidoff-Cognac, Davidoff-Krawatten, Davidoff-Parfums. Es stellt sich die Frage, ob nicht Davidoff International mit einer derartigen Ausweitung des Angebots Verrat an dem genialen Ladenbesitzer Davidoff beging. Strenge Zigarrenanhänger vertreten diese Ansicht; der Direktor von Davidoff verteidigt sich jedoch heftig. »Unser Gebiet ist vor allem der Tabak und die Zigarre«, betont er. »Die Ausweitung unseres Angebots? Nun, natürlich gibt es dafür wirtschaftliche Gründe, aber nicht ausschließlich. Wir entdeckten den Namen Davidoff in Italien auf T-Shirts, in England auf Wodkaflaschen, in Hongkong auf Schuhen, in Spanien auf Weinflaschen. Dieser

Piraterie sind wir begegnet, indem wir einige echte Lizenzen vergeben haben. Und abgesehen vom Tabak und den Zigarren, haben auch all diese anderen Produkte eine einwandfreie Qualität.« – Mag sein. Die strengen Anhänger jedoch werfen Davidoff noch ein heikleres Vergehen vor: die Herstellung von nichtkubanischen Zigarren. Tatsächlich verkaufte Davidoff unter dem Namen Zino Zigarren, die in Honduras gemischt und hergestellt wurden – in den Augen der Havanna-Liebhaber ein wahres Verbrechen. Doch Davidoff befriedigte damit die enorme Nachfrage auf dem amerikanischen Markt, auf dem es keine kubanischen Zigarren gab. Darüber hinaus wollte er über die leichteren, nichtkubanischen Zigarren mehr neue Zigarrenfreunde gewinnen.

Schon seit etwa zehn Jahren war die Monopolstellung von Davidoff auf dem Markt der »grand luxe«-Zigarren den Verantwortlichen der Cubatabaco mehr und mehr ein Dorn im Auge. Sie befürchteten, daß ihnen wesentliche Deviseneinnahmen entgingen. Zino Davidoff hingegen hatte sich schon seit einiger Zeit über die »schlechte Qualität« der von den Kubanern hergestellten Modelle beklagt. Es kam immer wieder zu Auseinandersetzungen. Im September 1988 wurde der Vertrag gekündigt und, trotz der Hoffnung der Havannaliebhaber auf eine mögliche Verständigung, nicht mehr erneuert. Davidoff zog sich aus Kuba zurück und ging in die Dominikanische Republik. Havannas mit dem Namen Davidoff durften nur mehr verkauft werden, bis der Vorrat – spätestens Ende 1992 – erschöpft war.

In den Lagerhäusern von Davidoff im Freihafen von Basel wird jede Zigarre sorgfältig geprüft, bevor sie in den Handel kommt. Das ist Hand-

Zusammen mit Baron Philippe de Rothschild (unten links) hatte Zino Davidoff den Entschluß gefaßt, den ungeheuren Markt der nordamerikanischen Raucher zu er-obern. Da das Handelsembargo der Vereinigten Staaten gegen kubanische Produkte seit der Castro-Revolution noch immer galt, brachte er dort die in Honduras hergestellte Zino Mouton Cadet auf den Markt.

Epicure No. 1
CABINET
EPICURE No. 1
Cabinet
dunhill
Epicure No. 1
Cabinet
Epicure No. 1
CABINET
EPICURE No. 2
CABINET
EPICURE No. 2
Cabinet
Epicure No. 2
Cabinet
Epicure No. 2
LE HOYO
des Dieux
Cabinet
LE HOYO
des Dieux
Le Hoyo des Dieux
HABANA
Cabinet
dunhill
HOYO DE MONTERREY
HABANA
Cabinet
LE HOYO
du Roi
LE HOYO
du Roi
Cabinet
LE HOYO
du Roi
Cabinet

werksarbeit in einem multinationalen Konzern! Qualität ist nach wie vor das entscheidende Kriterium, und letztendlich entscheidet der Geschmack des Rauchers, ob Davidoff weiterhin die Nummer eins in der Welt der Zigarre ist.

Dunhill. Die Engländer sind der Auffassung, daß es im Tabakgeschäft keinen bedeutenderen Namen gibt als den von Alfred H. Dunhill. Im letzten Jahrhundert schon hatte sich Dunhill einen besonderen Ruf in bezug auf seine Kautabake und hervorragenden Tabakmischungen für die Pfeife erworben. Bevor Davidoff in Genf ein Begriff wurde, war Dunhills Laden in London der Tempel aller Zigarrenraucher in Europa.

Seit dem 19. Jahrhundert war das Haus Dunhill neben einigen amerikanischen Händlern viele Jahre lang der bedeutendste Abnehmer für die Kubaner. Die englische Firma hatte einen solchen Ruf, daß sich die Beauftragten der Cubatabaco einige Monate, nachdem sie Davidoff eine eigene Marke angeboten hatten, zu der Auffassung durchrangen, daß sie dies dem »Hoflieferanten« Winston Churchills nicht vorenthalten dürften. Die ersten Havannas unter dem Namen Dunhill gab es 1968. Diese acht Zigarrensorten werden nach genauen Angaben Alfred Dunhills selbst hergestellt. Einige Monate vor seinem Tod schrieb er mit eigener Hand all die Qualitäts- und Geschmackskriterien nieder, die er auf das genaueste eingehalten wissen wollte. Der Konzern Peter Stuyvesant, der Dunhill inzwischen mehrheitlich besitzt, konnte sich offensichtlich nicht an diese »Zigarrenbibel« halten. Rein wirtschaftliche Gesichtspunkte zwangen ihn, eine Reihe von nichtkubanischen Zigarren auf den Markt zu bringen. Seither hat Dunhill in seinem Sortiment ein Angebot von fünf handgemachten Zigarrensorten von den Kanarischen Inseln und drei europäische Zigarren, die 100 Prozent Tabak enthalten und deren Deckblatt aus Sumatra stammt. Diese Zigarren sind jedoch von miserabler Qualität, sie machen dem Namen Dunhill keine Ehre.

Im Gegensatz zu Davidoff verfügen die Nachfolger Alfred Dunhills nicht über eine Manufaktur, in der nur ihre eigenen Zigarren hergestellt werden. Der größte Teil wird in der früheren Fabrik Romeo y Julieta produziert. Diese Zigarren sind von hoher Qualität, und der Star unter ihnen, die Havanna Club, gleicht der kostbaren Montecristo »A« wie eine Zwillingsschwester. Die Havanna Club ist noch immer vollkommen rund, denn sie wird in Einzelbehältnissen aus Holz angeboten. Zudem wird eine sehr seltene Form der Präsentation gepflegt, indem man jeweils fünf dieser Behältnisse in Holzkistchen zusammengefaßt anbietet. Des weiteren gibt es von Dunhill, in der Reihenfolge ihrer Länge, bei der kürzesten angefangen, die Cabinetta, wunderbar proportioniert, die Varadero, die Atado, die Mojito, die Tubos, die Malecon und die Estupendos in der Einzelhülse, die an die Imperiales von Quai d'Orsay heranreichen. Dunhill war der erste, der in seinen Verkaufsräumen für besondere Kunden Zigarrenkisten installierte, in denen diese unter idealen Bedingungen ihre Zigarrenkistchen aufbewahren konnten und sie an dem Tage öffneten, der ihnen von einem Fachmann von Dunhill empfohlen wurde.

Alfred Dunhill begründete seinen weltweiten Erfolg auf zwei Spezialitäten: seinen exquisiten Mischungen blonder Tabake und seinen berühmten Pfeifen mit dem kleinen weißen

Wie alle großen Händler betrachtete es auch Dunhill als Ehrensache, für jedes Stück, das seine Lagerräume verließ, persönlich zu garantieren. Inzwischen werden jedoch die beliebten kubanischen Dunhill-Zigarren (linke Seite) aufgrund fehlender Nachfrage nicht mehr vertrieben.

7
30

In der Duke Street 30 im Londoner Viertel Saint James schuf Dunhill seine Zigarrenkeller, die berühmten »maturing rooms« (oben und links). Zahlreiche Kunden mieten dort für das ganze Jahr ein Schließfach, wo ihre Zigarren vom Dunhill-Personal »gepflegt« werden. Ein halbes Jahrhundert lang verfügte Churchill dort über mehrere Schließfächer, in denen er ständig mehrere tausend Stück aufbewahrte. Während des Blitzangriffs auf London wurden die Zigarren dieses illustren Kunden vorsichtshalber in den tiefsten Keller gebracht und überlebten so das Bombardement, bei dem das Haus Dunhill zerstört wurde.

Im Londoner Laden von Alfred Dunhill steht ein wunderbarer Feuchteschrank neben dem anderen, und alle bergen sie eine wirklich phantastische Auswahl an Zigarren. Jeder dieser Schränke trägt den Namen einer renommierten kubanischen Marke (unten: Romeo y Julieta, rechte Seite, rechts unten: Cohiba).

Punkt. Er begeistert sich für alles, was mit Tabak zu tun hatte, wie seine bemerkenswerte Abhandlung *The Gentle Art of Smoking* zeigt. Sehr früh schon erweiterte Dunhill sein Angebot auf andere Artikel wie Feuerzeuge, Schals, Krawatten, Kaschmirpullover, Manschettenknöpfe, Uhren und Parfums; und nicht zu vergessen natürlich – die unvermeidlichen Pfeifen. Auf diesem Gebiet kam der Engländer Davidoff zuvor.

Dafür richtete er sich jedoch erst nach diesem in London und in New York seine ersten beiden Zigarrenkeller ein. Seine *maturing rooms* in der Duke Street im Londoner Nobelviertel Saint James sind beeindruckend. Dennoch gelang es selbst Dunhill nicht, die Untertanen Ihrer Gnädigsten Majestät von ihrer scheußlichen Gewohnheit abzubringen, ihre Zigarren in trockenem Zustand zu rauchen. Eine Blasphemie, wenn man bedenkt, daß die wirklich großen und edlen Zigarren Meisterwerke an Geschmack und Aroma sind – die unvergeßlichen Epicures von Hoyo de Monterrey, die wundervollen Doppel-Coronas von Partagas, Bolivar, Sancho Panza, Rafael Gonzalez, Gispert, Punch, Upmann, Romeo y Julieta, Montecristo, die seit mehr als einem Jahrhundert mit allergrößter Sorgfalt für den vollkommenen Rauchgenuß hergestellt werden.

Gérard Père et Fils. Diese wunderbaren Stücke, die den Kenner schon beim ersten Zug ins Paradies führen, kann man im Laden von Gérard – bis vor kurzem noch Gérard Père et Fils – in Genf entdecken. In der Halle des Hotels Noga-Hilton bauten die Gérards ein Zigarrenparadies von 500 Quadratmetern ganz aus kubanischem Zedernholz. Gérard ist der jüngste der illustren Namen der absoluten Zigarrenfachleute. Und auch nach dem Tod des Vaters bleibt das Familienunternehmen die erste Adresse des Havanna-Handels.

Tatsächlich beschränken sich die Gérards einzig und allein auf das Havanna-Sortiment. Ein Zigarrenabschneider mit ihrem Bild, ein Feuerzeug in der Form einer Lötlampe mit großzügiger Flamme und mit ihrem Siegel »Gérard Père et Fils, Havana Cigars«, einige Humidore, nur diese wenigen Utensilien werden außerdem in ihrem Laden noch angeboten. Dies bezeugt, daß hier wahrhaftig die Zigarre im Mittelpunkt steht, vor allem die größte Havanna, die olympische: die Doppel-Corona.

Doch sind die Gérards beileibe keine einfachen Händler. Sie sind absolute Havanna-Anhänger, sie sind der Havanna verfallen, für sie ist die Havanna einzigartig, denn sie allein hält dem Vergleich mit edelsten Weinen stand: Kein anderer Tabak erfreut den Gaumen mit einem solch nachhaltigen Aroma. Einzig und allein die Palette der Havannas bietet so phantastische Unterschiede wie zum Beispiel zwischen einer Partagas 8-9-8 und einer Hoyo de Monterrey.

Für die Gérards ist Geschmack wichtiger als Eleganz. So wie die französische Schule der »nouvelle cuisine« allen schweren Saucen und starken Gewürzen den Rücken gekehrt hat, um den Eigengeschmack der einzelnen Produkte hervorzuheben, so versuchen auch die Gérards, die Zigarre von allen sie umgebenden Mythen zu befreien, damit der Raucher sich auf das Wesentliche konzentrieren kann. Sie stehen auf dem Standpunkt, daß man eine Havanna nicht einfach raucht, sondern sie genießen muß. Ein solches Glaubensbekenntnis verlangt, daß strikte Qualitätsmaßstäbe eingehalten werden. Das Verfechten dieser Verbindung von Geschmack und Qualität haben sie »Havanophilie« getauft.

Dies erklärt, warum die Gérards so überaus gewissenhaft auf die Qualität ihrer Zigarren achten. Jedes Jahr zur Erntezeit begeben sie sich nach Kuba. Die Erfahrungen dort veranlaßten sie, die Reihe der »Connaisseurs« von Partagas auf dem europäischen Markt einzuführen und die Mode der kurzen, voluminösen Zigarren nach dem Vorbild der Epicures von Hoyo de Monterrey zu fördern. Zudem nützen sie diesen Kuba-Aufenthalt, um bei der Auswahl der Blätter und Mischungen für die Zigarren dabeizusein, die sie ohne Bauchbinde unter dem Namen »Sélection Gérard« anbieten.

Soviel zur Qualitätskontrolle am Ausgangspunkt.

Die Endkontrolle geschieht in Genf. Jede Kiste, die die Gérards er-

Die Dunhill-Läden – wie der in London (unten links und linke Seite, oben) – vereinen auf wunderbare Weise Tradition und Raffinesse. Der Stylist Manuel Canovas, ein wirklicher Zigarrenliebhaber, hat ein besonderes Faible für diese Läden. »Ich kaufe meine Zigarren in London sehr gern bei Dunhill in der Duke Street«, sagt er. »Die Auswahl ist vollkommen, es gibt kein unnötiges Brimborium, der ganze Rahmen ist wunderbar komfortabel, wie es nur die Engländer zuwege bringen.«

Bei Gérard, dem neuen Stargeschäft in Genf, werden die Zigarren gehütet, umsorgt und verbessert, wie nirgendwo sonst. Im »Zigarren-Safe« bei Gérard in Genf (unten und rechte Seite), dessen Klima durch ein äußerst präzise arbeitendes Befeuchtungssystem reguliert ist, wird jede aus Havanna ankommende Kiste geöffnet, untersucht und geprüft, bevor man sie zum Verkauf anbietet. Gérard besitzt gegenüber Davidoff und Dunhill einen beträchtlichen Vorteil: Er widmet sich ausschließlich den Havannas: Nichtkubanische Zigarren findet man bei ihm nicht.

halten, wird geöffnet, untersucht und während der Lagerung regelmäßig überprüft. Die Zigarren werden probiert, um ihren Reifezustand zu überprüfen, und erst dann zum Verkauf angeboten, wenn sie vollkommen sind. Dieses Inspizieren vollzieht sich nach strengen Maßstäben: Es passiert tatsächlich, zwar selten, aber immerhin, daß einzelne Stücke zurückgesandt werden, hauptsächlich, weil die Qualität der Blätter bemängelt wird.

»Wir verkaufen nicht den gleichen Geschmack wie andere«, sagen sie, »und dieser Mehr-Wert heißt Gérard.« In der Tat ist das Aroma in ihren eigenen Selektionen jedesmal etwas ganz besonderes, die Deckblätter ihrer Zigarren sind exquisit, eine Havanna von Gérard zieht ausgezeichnet und doch bietet der Rauch beim Ziehen einen gewissen Widerstand, was das Rauchvergnügen vollkommen macht.

Die Geschichte der Gérards ist die Geschichte einer Familie. Vom Telefondienst bis zum sagenhaften Zigarrenkeller unterstand bis zum Tod des Vaters 1994 jeder Geschäftsbereich einem der vier Familienmitglieder. Sie leben mit und für die Havanna, die für sie so etwas wie eine Religion geworden ist. Und wenn man ihnen so zuhört, könnte man sie ob ihrer Strenge für Inquisitoren halten. Doch bei ihnen ist es die reine Hingabe an das Schöne und Gute.

Ein so engagierter Einsatz konnte die Kubaner nur begeistern. Sie haben den Gérards ihre hohen Anforderungen nie übelgenommen, sondern sie sogar honoriert: Nicht allein, daß sie ihnen die Medaille zum 25. Jahrestag der Cubatabaco verliehen haben – etwas sehr Seltenes –, gewährten sie ihnen auch als einzigen das Vorrecht, auf ihrem Ladenschild die Initialen von Cubatabaco zu führen. Eine Auszeichnung, die kein anderer je erhalten hat.

Und so hat das Werk eines Dunhill und eines Davidoff, von den Gérards würdig fortgesetzt, dafür gesorgt, daß es in allen Ländern der Erde Zigarren von sehr hoher Qualität und auch in ausreichender Menge gibt, um Zigarrenliebhaber überall zufriedenzustellen. Sie haben, jeder auf seine eigene Weise, eine neue und bedeutsame Entwicklungsstufe in der Geschichte der Havanna geprägt.

PARTAGAS
Lusitanias

Davidoff
Davidoff
Davidoff
Davidoff
Davidoff
Davidoff
Davidoff

DIE ZIGARREN DER DOMINIKA-NISCHEN REPUBLIK

Die Insel Hispaniola, auf der sich heute zwei Staaten befinden, die Dominikanische Republik und die Republik Haiti, war eine der ersten, auf die Christoph Kolumbus 1492 den Fuß setzte. Sein Navigator hinterließ begeisterte Beschreibungen von diesem Land, das er als das schönste empfand, was er bis dahin je gesehen hatte. Er schreibt, daß »die Erde und die Lüfte dort milder sind als irgendwo sonst, daß die hohen Berge in voller Schönheit prangen und das klarste Wasser in Hülle und Fülle von ihnen herabfließt«. Diese Landschaftsbeschreibung erinnert durchaus an die Nachbarinsel Kuba. Heute werden Davidoff-Zigarren in der Dominikanischen Republik produziert. (S. 156, von links nach rechts: 5000, Aniversario N° 1, Aniversario N° 2, 3000, Double »R« und Special »C«).

DOMINIKANISCHE REPUBLIK

Nick Foulkes

Gegen Ende des 20. Jahrhunderts hat es die Dominikanische Republik so weit gebracht, daß sie fast 50 Prozent des Angebots an Zigarren in der Welt stellt. Kuba, Honduras, Mexiko, Brasilien und andere tabakproduzierende Länder haben natürlich weiterhin ihren Markt, doch wenn man von einem Land behaupten kann, es habe den Zigarren-Boom zur Jahrtausendwende geprägt, dann ist das die Dominikanische Republik.

In den Vereinigten Staaten gelten dominikanische Zigarren allgemein als die feinsten. Selbst auf dem Markt für Spitzenzigarren in anderen Ländern, der traditionsgemäß in kubanischer Hand war, hat ein Einbruch durch dominikanische Zigarrenmarken stattgefunden, da zum einen manche Marken aus Kuba immer schwerer erhältlich werden und zum anderen die neue Generation von Zigarrenrauchern eher zu leichteren, geschmacklich feineren Zigarren tendiert.

Es ist schwierig, sich genau vorzustellen, mit welchen Gefühlen Christoph Kolumbus damals zum ersten Mal die karibische Insel Hispaniola betrat, die sich heute in die Dominikanische Republik und deren kleineren Nachbarn Haiti aufteilt: War es Freude, Erleichterung, Erregung, Furcht? ... Wir werden es wohl nie wissen.

Als er seine Entdeckung dann aber in einem Brief an König Ferdinand und Königin Isabella schilderte, drückte er sich klar und eindeutig aus:

»Auf dieser Insel, die wir, wie bereits erwähnt, Hispaniola nannten, gibt es mächtige Berge von großer Schönheit, Wälder und fruchtbarsten Boden – eine wunderbare Gegend, um Felder und Weiden zu kultivieren und Häuser zu bauen. Es übersteigt jede Vorstellungskraft, wie viele und günstig gelegene Häfen diese Insel hat und wie reich sie an Flüssen ist, die für die Gesundheit der Menschen so lebenswichtig sind.«

Im Schutz der hohen Gebirgszüge der Cordillera Central und der Cordillera Septentrional im Norden und kleinerer Berge im Süden liegt das Valle del Cibao, ein von Wind, Wirbelstürmen und Unwettern verschontes Paradies. In dieser weiten Ebene, die oft mit der Vuelta Abajo auf Kuba verglichen wird, findet der Anbau des dominikanischen Tabaks statt. Wenn auch das Klima auf beiden Inseln sehr ähnlich ist und heute auch hier mit dem Tabak sehr sorgfältig umgegangen wird, so sind doch die Böden von unterschiedlicher Qualität.

Hispaniola ist nach Kuba die zweitgrößte Insel in der Karibik. Die mächtigen Berge, die Kolumbus erwähnte, prägen die Landschaft des dominikanischen Teils der Insel. Die Gebirgskette der Cordillera Central, in der sich auch der höchste Gipfel der Antillen befindet, verläuft von Westen nach Osten wie eine Trennlinie durch das Land. Nördlich davon liegt ein weiterer Gebirgszug, die Cordillera Septentrional.

Zwischen diesen beiden Gebirgszügen, nordwestlich von Santiago, der 500 Jahre alten, zweitgrößten Stadt der Dominikanischen Republik, liegt das Valle del Cibao. Und hier, an den Ufern des Yaque del Norte, wird einer der besten Tabake der Welt angebaut.

Manche vergleichen diesen Teil der Dominikanischen Republik mit der Vuelta Abajo, dem hervorragendsten Tabakanbaugebiet Kubas, das im Südwesten von Havanna liegt. Sicherlich haben diese beiden Gebiete auch Gemeinsamkeiten, doch wird man wohl keinem von beiden gerecht, wenn man sie zu sehr aneinander mißt. Der Vergleich von kubanischen mit dominikanischen Zigarren ist gerade so, als vergliche man Burgunder mit Bordeaux-Weinen.

Während auf Kuba nur eine einzige Pflanze, der *Criollo*, für den Einlagentabak angebaut wird, verwendet man für die dominikanischen Zigarren drei Sorten: Der stärkste Tabak ist der *Piloto Cubano*, der *San Vincente* ist leichter und schärfer, und der *Olor* ist eine milde Sorte mit leicht salzigem Geschmack.

Diese Tabake gibt es in drei Stärkegraden, vom *ligero*, dem stärksten, über den *seco* bis zum *volado*, je nachdem, von welcher Stelle an der Pflanze sie stammen; die stärksten Blätter sitzen oben. Durch gezieltes Mischen dieser Stärkegrade für die Einlage kann der Zigarrenmacher eine fast unendliche Vielfalt von Geschmacksvarianten erzeugen.

Dominikanische Zigarren sind im allgemeinen leichter und subtiler im

Die ersten Zigarrenfabriken der Republik entstanden in Santiago de los Caballeros, der Hauptstadt der dominikanischen Zigarre (ganz oben und darunter eine der ersten Manufakturen des Landes). Santo Domingo, heute Hauptstadt der Dominikanischen Republik, war die allererste spanische Stadt auf den Antillen.
Die noch aus der Zeit der spanischen Kolonisation stammende Kathedrale (unten rechts) legt Zeugnis ab von jener glanzvollen Ära.

Geschmack als ihre kubanischen Gegenstücke. Im Unterschied zu letzteren, für die nur kubanische Tabake verwendet werden (daher die Bezeichnung *puro*, die im allgemeinen für kubanische Zigarren steht), werden dominikanische Zigarren aus Mischungen von Tabaken aus der Dominikanischen Republik und aus anderen Ländern hergestellt, und so präsentieren sich die guten unter ihnen mit einem solch breiten Spektrum an Geschmacksnuancen und Aromen, daß alle Geschmacksnerven des Gaumens angeregt werden.

Der stärkste Einfluß auf die Entwicklung der Zigarren in der Dominikanischen Republik und auch in Kuba war jedoch nicht klimatischer, landwirtschaftlicher oder geographischer, sondern stets politischer Natur. Seit 500 Jahren stehen diese beiden Nationen im Auf und Ab der internationalen Entwicklungen abwechselnd an erster Stelle der Tabak- und Zigarrenproduzenten in der ganzen Welt.

Anfang des 16. Jahrhunderts war Santo Domingo, heute der Name der Hauptstadt der Dominikanischen Republik und damals die Bezeichnung für die Stadt und die ganze Insel, das Zentrum für Verwaltung, Kultur und Handel des spanischen Kolonialbesitzes auf den Antillen. Es gab dort einen Vizekönig mit einem anspruchsvollen Hofstaat, und man war sehr stolz darauf, die erste Kathedrale aller amerikanischen Länder zu besitzen. Noch heute erinnert die Stadt bei einem Bummel durch ihre bezaubernden Gassen eher an das alte Europa, und man ist eifrig darauf bedacht, das Flair der historischen Stätten und Monumente zu pflegen.

Der erste Tabak, der 1531 aus der Neuen Welt nach Spanien exportiert wurde, stammte nicht aus Kuba, sondern aus dem Gebiet der heutigen Dominikanischen Republik.

In seiner Biographie über Rafael Leonidas Trujillo, *Trujillo: The Life and Times of a Caribbean Dictator*, beschreibt Robert D. Crassweller das Leben und Treiben in Santo Domingo zu Beginn des 16. Jahrhunderts: »Von hier aus entdeckte Ojeda Venezuela und den Archipel der Perleninseln. Hier schiffte sich Balbao ein und entdeckte Panama und den Pazifik. Von hier begann De Soto seine Ent-

deckungsreise zum Mississippi. Auch Ponce de León brach hier auf, um Puerto Rico zu kolonialisieren und schließlich den Jungbrunnen zu suchen. Und Cortés lebte vor seinem Eroberungsfeldzug nach Mexiko als Anwalt in dem ruhigen Städtchen Azua.«

1515 hatte sich jedoch der Sitz der spanischen Eroberer auf die Nachbarinsel Kuba verlagert, und Santo Domingo, das zunächst in den Genuß wachsenden Reichtums gekommen war, verlor an Bedeutung. 1697 wurde in dem Vertrag von Ryswick der Teil von Hispaniola, der dem heutigen Haiti entspricht, an Frankreich abgetreten. In der zweiten Hälfte des 18. Jahrhunderts erfuhr Santo Domingo einen neuen Aufschwung als spanisches Handelszentrum, doch fand diese Entwicklung durch die politischen Ereignisse in dem benachbarten Haiti ein gewaltsames Ende.

Die Französische Revolution von 1789 löste in Haiti Sklavenaufstände aus, und im Jahre 1800 ergab sich Santo Domingo dem Befreier Haitis, Toussaint Louverture. Es folgten noch weitere Invasionen, und 1805 wurde Santo Domingo, damals die Hauptstadt des Tabaks für die gesamte zivilisierte Welt, von den Haitianern brutal überfallen. Sie metzelten die Einwohner nieder und verbrannten deren Leichen in der Kirche, in die sie sich geflüchtet hatten.

Zwischen Spanien und Frankreich herrschte Streit um Santo Domingo, bis es schließlich 1821 von Spanien die Unabhängigkeit erhielt. Die neue Regierung wurde dann von Haiti gestürzt, und das Land fiel unter haitianische Herrschaft. Jeder, der konnte, wanderte aus, und das zivilisierte Leben in der bis dahin blühenden Kolonie erlosch fast gänzlich, damit fand natürlich auch der Tabakanbau ein Ende.

Als sich dann Kuba entschied, anstatt Tabak nach Spanien zu exportieren, selbst Zigarren herzustellen, war das einzige Land, das darin eine Konkurrenz hätte sein können, durch die unbeugsame Diktatur Haitis gelähmt.

1844 begann unter Juan Pablo Duarte ein Aufstand, der schließlich zur Gründung der Dominikanischen Republik führen sollte. In den darauffolgenden Jahren widersetzten sich die Idealisten der Republik den Versuchen der Pragmatiker, diese kleine, aber strategisch wichtige Nation an das mächtige Spanien anzuschließen. In dieser politisch brisanten Zeit gab es auch für Fachleute kaum Gelegenheit, im Land eine organisierte Produktion von Zigarren auf die Beine zu stellen. Die fruchtbaren Böden und das günstige Klima ergaben gute Ernten eines ausgezeichneten Tabaks, doch da die Infrastruktur so grausam zerstört war, wurde dieser zum großen Teil in unverarbeitetem Zustand exportiert.

Als Kuba seine Unabhängigkeit errang, besaß es bereits eine blühende Zigarrenindustrie. Die Dominikanische Republik hingegen baute gegen Ende des 19. Jahrhunderts zwar Tabak an, exportierte ihn jedoch zur Weiterverarbeitung fast vollständig nach Europa.

Das 20. Jahrhundert brachte weitere politische Umstürze auf den Antillen, und die Dominikanische Republik geriet erneut unter Diktatur. Während auf Kuba Machado, Batista und schließlich Castro aufeinander folgten, befand sich die Dominikanische Republik 30 Jahre lang unter der Herrschaft Trujillos, der so mächtig war, daß seine Regierungszeit »Ära Trujillo« genannt wurde. Damals hieß Santo Domingo sogar Ciudad Trujillo, ein Name, der mit dem Tod des Diktators 1961 wieder verschwand.

Die Herrschaft dieser Männer und ihre politischen Ambitionen bestimmten das Schicksal der Tabakpflanzer im Valle del Cibao und in der Vuelta Abajo und das der Zigarrenmacher in den Fabriken von Santiago und Havanna.

Der erste Hersteller von Zigarren in der Dominikanischen Republik, Eduardo Leon Jimenes, gründete seine Fabrik 1903 bei Santiago de los Caballeros. Sie erhielt den Namen La Aurora und sollte eine der größten Manufakturen des Landes werden, die vielen weiteren als Vorbild diente.

Bevor noch die Revolution auf Kuba stattfand, war Klaas Kelner (rechts, auf dem Foto links) bereits einer der großen Meister der Zigarre in der Dominikanischen Republik. Er kam 1937 als Geschäftsführer der großen niederländischen Manufaktur und Tabakimportfirma Scheltema nach Santo Domingo, wo er sich dann endgültig niederließ und selbständig machte.

1903 hatte Eduardo Leon Jimenes, dessen Familie seit 1880 Tabak anbaute, in dem Dörfchen Gazumal bei Santiago eine *fabrica* gegründet, der er den beschwörenden Namen La Aurora, »die Morgenröte«, gab. Sie sollte einer der Vorreiter der dominikanischen Zigarrenindustrie werden.

Zu Beginn war es eine bescheidene Unternehmung, eigentlich mehr ein »Familienbetrieb«. Mit ganzen drei Zigarrenmachern begann man, die Marke zu produzieren, und dabei mußten diese Zigarrenmacher noch ausgebildet werden. Außerdem mußte man den Rohtabak und die fertigen Produkte über Straßen transportieren, die praktisch nicht existierten, und dabei der Gefahr von Überfällen durch Straßenräuber ins Auge sehen. Don Eduardo trotzte diesen Widrigkeiten und hatte seine Fabrik bis Anfang des 20. Jahrhunderts zu einem der größten Unternehmen der Dominikanischen Republik gemacht. Er stellte nun die Zigarrenmarken La Aurora und Leon Jimenes her und produzierte das dominikanische Bier Presidente.

Zwischen 1900 und 1930 entstanden in der Dominikanischen Republik etwa zwei Dutzend kleine Manufakturen nach dem Vorbild La Aurora.

Die für den inländischen Verbrauch bestimmten, aus dem einheimischen Tabak *olor* hergestellten Zigarren zeichneten sich durch einen vollen, relativ milden Geschmack aus und fanden großen Anklang. 1937 ließ sich La Aurora, mit nun 30 Mitarbeitern groß geworden, in Santiago nieder.

Parallel zur inländischen Zigarrenproduktion exportierte die Domini-

kanische Republik weiterhin große Mengen an Tabak an die großen Manufakturen in Europa, z. B. das niederländische Konsortium Scheltema. Diese Unternehmensgruppe hatte es sich angewöhnt, Angestellte auf Besuch zu den verschiedenen Pflanzungen in der Welt zu schicken, von denen sie die Tabake für ihre Zigarren bezog. So kam 1937, im gleichen Jahr, als sich La Aurora in Santiago niederließ, ein junger Mann namens Klaas Kelner in die Dominikanische Republik, um dort die Aktivitäten von Scheltema zu überwachen.

Klaas Kelner zog es vor, in der Dominikanischen Republik zu bleiben, anstatt in das von den Nazis beherrschte Europa zurückzukehren. Er heiratete und ließ sich häuslich nieder. 1945 wurde sein Sohn Hendrik geboren. Bis zu seinem Tod im Jahre 1963 arbeitete er weiterhin im Bereich des Anbaus, der Fermentation und des Exports von Tabak.

Zu jener Zeit erlebte die Zigarrenindustrie in der Dominikanischen Republik eine der größten Umwälzungen des 20. Jahrhunderts, und zwar bedingt durch die Machtübernahme Fidel Castros in Kuba.

Die Erfahrungen eines Manuel Quesada, der aus einer seit 1880 in der Tabakindustrie heimischen Familie stammt und heute in der Dominikanischen Republik Zigarren herstellt, sind sicherlich repräsentativ für die vieler anderer Exilkubaner. In einem Interview von 1994 mit der Zeitschrift *Cigar Aficionado* erinnert er sich, wie er und seine Familie ihr Unternehmen verlassen mußten:

»Es kamen vier Männer in einem Jeep mit MPs an die Tür, die verlangten die Safe-Schlüssel, dann versiegelten sie den Safe, und einer sagte: ›Dieser Safe ist Eigentum der Regierung; es ist verboten, ihn zu öffnen.‹

Im August 1960 wurde ich mit meinem Bruder nach Miami geschickt. Meine Mutter und meine beiden Schwestern kamen einen Monat später nach. Mein Vater blieb noch ein Jahr, um Castros Leute in den Betrieb einzuführen. Dann sagten sie ihm eines Tages: ›Geh und komm nie mehr zurück!‹«

Manche dachten eine Zeitlang, daß Castro höchstens ein oder zwei Jahre an der Macht bliebe. Nach Kennedys Überfall auf die Schweinebucht, dem Handelsembargo, der Kuba-Krise

Die Aufbereitung des Tabaks erfolgt in mehreren Etappen. Die Blätter werden geerntet (linke Seite) und an der Luft getrocknet (oben). Danach werden sie von Hand zusammengesammelt und für die Fermentation vorbereitet (unten links). Während für die Herstellung kubanischer Zigarren nur kubanischer Tabak verwendet wird, bestehen die dominikanischen Zigarren typischerweise aus einem Gemisch von Tabaken aus der Dominikanischen Republik und aus anderen Ländern.

Dominikanische Zigarren enthalten drei verschiedene Tabaksorten: den Olor Dominicano, den San Vincente und den Piloto Cubano. Der letztere wurde in dem »Institut Dominicain du Tabac« in der Gegend um Santiago de los Caballeros entwickelt; dies stellte eine Art Neuanfang in der dominikanischen Produktion dar, durch den es dem Land gelang, zu den Produzenten von Spitzenzigarren vorzustoßen. Ernest Schneider (oben), der damals die Entscheidung traf, die Davidoff-Zigarren in der Dominikanischen Republik herstellen zu lassen, beim Prüfen von Blättern dominikanischen Tabaks.

und der Intervention der Supermächte auf den Antillen wurden diese Hoffnungen jedoch begraben.

Als das von Präsident Kennedy festgesetzte Embargo den Handel mit Kuba-Zigarren beendete, stieg die Beliebtheit der dominikanischen Zigarren in den Vereinigten Staaten rapide. Unternehmen wie La Aurora nutzten diesen Schlag gegen den kubanischen Außenhandel und begannen ab etwa 1965, Zigarren nach Miami zu exportieren. Sowohl Exilkubaner, die nicht mehr an ihre gewohnten Zigarren herankamen, wie auch Amerikaner, denen der Nachschub aus Kuba fehlte, wechselten zu den dominikanischen Zigarren über.

Die kubanischen Emigranten, die in der Tabakindustrie gearbeitet hatten, verschlug es in alle Richtungen; sie ließen sich in Ländern nieder, deren politische, wirtschaftliche und klimatische Bedingungen ihnen günstig erschienen. Manche landeten auf den Kanarischen Inseln, andere in Honduras, Florida und Nicaragua und manche auch in der Dominikanischen Republik. Ab 1970 fanden sie sich dort schließlich in immer größerer Anzahl ein. Das Herstellen von Zigarren in diesem Land wurde aus mehreren Gründen immer attraktiver, vor allem wegen der politischen Instabilität in Mittelamerika und wegen Francos Tod in Spanien (nach dem Tod des Caudillo gingen die Löhne auf den Kanarischen Inseln in die Höhe).

Erst gegen Ende der 70er Jahre machte sich die dominikanische Regierung neben dem Anbau und Trocknen des Tabaks auch die Herstellung von Zigarren zum Anliegen. Es wurden mehrere Gebiete definiert, in denen Fabriken errichtet werden konnten, und es gab Steuervergünstigungen für die Produktion für den Export.

Die politische Stabilität, Steuervorteile und dazu noch einige der besten Tabaksorten der Welt, diese Anreize waren unwiderstehlich. So entschlossen sich die beiden größten amerikanischen Hersteller von Luxuszigarren, ihre Produktion auf dominikanischen Boden auszudehnen: Die General Cigars Company, Schöpferin der Macanudo und der nichtkubanischen Partagas, eröffnete eine Manufaktur in Santiago, und die Consolidated Cigars, der die nichtkubanischen H. Upmann und Montecristo zu verdanken sind, verlegte ihre Aktivitäten von den Kanarischen Inseln nach La Romana im südöstlichen Zipfel der Dominikanischen Republik.

Diese Unternehmen hatten enge Verbindungen mit Kuba. Pepe Garcia von Consolidated war der ehemalige Besitzer der Marken Upmann und Montecristo in Havanna. Ramon Cifuentes war ursprünglich Besitzer der Marke Partagas in Havanna und verkaufte diese später an Edgar M. Cullman, den genialen und sehr distinguierten Chef der General Cigars Company, für den Anfang der sechziger Jahre viele Exilkubaner gearbeitet hatten.

»Wir stellten für die Arbeit in unseren Plantagen in Connecticut viele Kubaner an«, erzählt Cullman in seinem schleppenden Aristokratenton. »Nach den Perez kam Ramon Cifuentes und unterstützte uns bei der Entwicklung der Verpackung und der Herstellung unserer Zigarren.« Cullman beschrieb Cifuentes als einen »faszinierenden Mann, der es perfekt versteht, die Einlage in das Umblatt einzurollen, und der genau weiß, welche Spannung das Deckblatt erhalten muß«.

Cullmans General Cigars Company verkaufte als eine der ersten Manufakturen in den Vereinigten Staaten Havannas aus der Dominikanischen Republik. Die dominikanischen Partagas mit dem dunklen Deckblatt aus Kamerun, für die unter Beschwörung des vorrevolutionären Kuba Werbung gemacht wurde, regten sowohl den Gaumen der Amerikaner wie auch ihre nostalgischen Erinnerungen an die Zeiten an, als Fulgencio Batista und der Verbrecher Meyer Lansky Kuba zu einem Vergnügungspark für reiche Amerikaner machten. Ein geschickter Schachzug Cullmans.

Während sich diese beiden Giganten der amerikanischen Tabakindustrie in der Dominikanischen Republik niederließen, machte Hendrik Kelner seinen Aufstieg in der Tabacalera, der staatlichen Manufaktur in Santiago. Er war 1969 in diese Institution eingetreten und schnell zum Produktionsleiter avanciert. Ihm unterstand die Herstellung der beliebten Zigarette Monte Carlo und der Zigarren, die für den heimischen Verbrauch bestimmt waren. 1978 wurde er Generaldirektor der Tabacalera.

Nach 14 Jahren bei der Tabacalera entschied er sich jedoch, sie zu verlassen; denn ganz wie Eduardo Leon Jimenes 80 Jahre vor ihm hegte er den geheimen Traum, die Herstellung von Zigarren in der Dominikanischen Republik zu revolutionieren, und er erkannte, daß er als Leiter der Tabacalera diesen Traum nicht wahr machen konnte.

Eine der größten Annehmlichkeiten in der Zigarrenindustrie der Dominikanischen Republik von heute besteht darin, daß dem individuellen Planen und Schaffen keinerlei staatliche Auflagen oder Vorgaben gesetzt werden. Jeder, der eine eigene Marke erschaffen möchte, kann dies ungehindert tun.

Um in der Dominikanischen Republik mit Zigarren Geschäfte zu machen, sind lediglich Unternehmungsgeist, Initiative, Phantasie und persönliche Intuition vonnöten. Diese Eigenschaften, vereint mit einer unvergleichlichen Kenntnis der guten Tabake, verhalfen Hendrik »Henke« Kelner dazu, die TABAcos DOMinicanos, abgekürzt TABADOM, zu gründen. Sein Ziel war einfach: »Schon immer habe ich Tabak geliebt, ich bin mit Tabak aufgewachsen und habe mit Tabak gearbeitet. Ich wollte mich endlich darauf konzentrieren können, Zigarren zu machen, und nicht ständig mit Marketing, Verkauf und Werbung beschäftigt sein.«

Die nach der kubanischen Revolution in Santo Domingo eingerichtete kleine Zigarrenfabrik Arturo Fuente Cigar Factory wird von Exilkubanern geleitet.
Die Deckblätter werden dort von Hand nach den traditionellen kubanischen Methoden bearbeitet (oben und unten links).

Der Armenier Avo Uvezian (unten) brachte Ende der 80er Jahre zusammen mit Hendrik Kelner die Marke Avo auf den Markt. Da diese ein Erfolg wurde, erwarb er selbst eine Plantage in der Dominikanischen Republik (oben rechts). Eine Auswahl an Pléiades und Juan Clemente (rechte Seite), einer Marke, die 1982 der Franzose Jean Clément mit der spanischen Form seines Namens gründete.

Kelner ist ein Perfektionist. Er glaubt, daß er gute Zigarren nur dann herstellen kann, wenn er den gesamten Ablauf von der Saat bis zur Verpackung überwacht. An seinen Bürowänden hängen detaillierte Landkarten und Pläne, auf denen die einzelnen Plantagen im Valle de Cibao markiert sind, vergleichbar den Karten der Weinberge, auf denen einzelne Bordeaux-Apellationen eingezeichnet sind. Mit Hilfe eines ausgefeilten Systems von Kodierungen, Nummerierungen und Bezeichnungen kann Kelner jeden einzelnen Tabakballen nach Saat, Plantage, Jahrgang, Stärkegrad, Fermentation und Reifung einordnen. Unter den Tabakbaronen von Cibao gilt er, was Wissen und Erfahrung im Umgang mit Spitzentabak betrifft, als unschlagbar. Der Traum ist zur Wirklichkeit geworden.

Dabei hatten ihn zu Beginn der 80er Jahre, als er seine sichere Arbeit aufgeben wollte, um sich ganz der Herstellung von Spitzenzigarren zu widmen, alle für verrückt erklärt. Man hielt ihm entgegen, daß das Zigarren- und Tabakgeschäft nicht expandierte, sondern eher zurückging, und die Praxis schien diese Auffassung zu bestätigen; in den Vereinigten Staaten wurde der Tabakgenuß verschrien. Kelner aber war hartnäckig. 1986 nahm TABADOM mit ganzen sechs Zigarrenmachern die Produktion auf.

Einer der ersten Kunden wurde der aus Armenien stammende, pittoreske und charismatische Musiker Avo Uvezian. Er war Pianist und lebte in Puerto Rico, wo er in den 80er Jahren in einem Touristenviertel eine Pianobar führte.

Bei der Taufe seiner Tochter in Genf wurde dieser Pianist von dem Paten auf den Gedanken gebracht, mit Zigarren zu handeln. Uvezian setzte sich mit Kelner in Verbindung, und gemeinsam schufen sie, der Pianist und das Zigarrengenie, eine Marke mit dem Namen Knockando – eine Erinnerung an den Paten, der mit Knockando-Whisky zu tun hatte. Noch heute erinnert sich Uvezian mit Vergnügen daran, wie er aufs neue entdeckte, was eine wahrhaft große

PLÉIADES
PLÉIADES
PLÉIADES
PLÉIADES
PLÉIADES
JUAN CLEMENTE
JUAN CLEMENTE
JUAN CLEMENTE

1990 verursachte Zino Davidoff (auf dem Foto rechts, mit Ernest Schneider) ein kleines Erdbeben in der Zigarrenindustrie, als er seine Zigarrenproduktion von Kuba in die Dominikanische Republik verlegte. Ein sicherlich schwerer Entschluß, der aber reiflich überlegt war.

Zigarre war, wenn sie von einem Künstler wie Kelner stammte.

Uvezian begann, in seiner Pianobar in Puerto Rico Zigarren zu verkaufen, und allmählich orderten immer mehr Kenner kistenweise Zigarren bei diesem exzentrischen Musiker mit dem Strohhut und dem weißen Anzug. Im ersten Jahr verkaufte er etwa 20 000 Stück. Kaum zehn Jahre später gehörte die dominikanische Marke Avo in den Vereinigten Staaten mit nahezu drei Millionen Stück pro Jahr zu den meistgekauften Zigarren. Avo Uvezian ist inzwischen selbst Besitzer einer riesigen Tabakplantage in der Dominikanischen Republik und plant, die Marke Avo auch nach Europa zu exportieren.

Für Kelner war die Marke Avo nur der Beginn seines Aufstiegs. Im Vergleich zu den Riesenunternehmen Consolidated und General Cigars war er zwar ein Zwerg, doch wurde aufgrund der außergewöhnlichen Qualität seiner Zigarren der Schweizer Geschäftsmann Ernest Schneider auf ihn aufmerksam.

Schneider, Generaldirektor der Unternehmensgruppe Oettinger in Basel, hatte 1970 das Zigarrengeschäft des russischstämmigen Zino Davidoff gekauft, der nach dem Zweiten Weltkrieg mit seiner kubanischen, nach den großen Bordeaux-Weinen benannten Zigarrenselektion der Châteaux enorme Erfolge verbucht hatte. Davidoff arbeitete noch bis zu seinem Tode 1994 mit Schneider zusammen, doch war es Schneider, der es verstand, auf diesem Nachkriegserfolg aufzubauen und die Davidoff in der ganzen Welt als Spitzenzigarren zu etablieren.

Einer der ersten Schachzüge Schneiders bestand darin, überall in der Welt Davidoff-Verkaufsstellen zu eröffnen und Wiederverkäufer zu beliefern, die die gleiche Philosophie vertraten wie Davidoff und er selbst, nämlich daß im Leben immer nur das Beste gut genug ist.

Schon bevor Schneider die Geschäfte übernahm, hatte Davidoff mit seinen kubanischen Lieferanten wiederholt Probleme. Als er die Marken Davidoff N° 1, N° 2 und Ambassadrice auf den Markt brachte, stießen ihn die Kubaner vor den Kopf, indem sie Montecristos in ähnlichen Formaten herausbrachten. Davidoff beschwerte sich und wurde in Havanna zur *persona non grata* erklärt. Schneider tat damals sein Bestes, um noch den Anschein freundlicher Beziehungen zu Kuba zu wahren.

15 Jahre später waren diese Beziehungen immer angespannter geworden, wie Schneider erzählte: »1985/ '86 hatten die Kubaner eine sehr schlechte Ernte, und M. Francisco, der Generaldirektor von Tobacco, bot mir einen Franchise-Vertrag an, und zwar über 49 Prozent meiner eigenen Firma. Es wird Sie nicht wundern, daß ich nein sagte«, meinte er mit einem traurigen Lächeln. »Von da an war auch ich in Havanna *persona non grata*.«

Schneider und Davidoff, der außerordentlicher Repräsentant der Firma geblieben war, bereisten wenig später unter größter Geheimhaltung alle tabakanbauenden Länder der Welt auf der Suche nach einem Ort, wo sie Zigarren herstellen konnten, die des Namens Davidoff würdig waren. Nachdem sie Brasilien, Sumatra, Honduras, Jamaika und Mexiko besucht hatten, fanden sie, was sie suchten, in der Dominikanischen Republik.

»Kolumbus entdeckte die Dominikanische Republik im gleichen Jahr wie Kuba«, meint Schneider dazu, »und in der Dominikanischen Republik baut man Tabak schon ebenso lange an wie in Kuba. Außerdem haben wir in Hendrik Kelner den idealen Partner gefunden«, sagt er voller Freude. »Kelner hat nur eine kleine Firma, aber er ist einer der größten Tabakexperten der Welt.« Schneider legt großen Wert darauf, mit einem

Seit 1990 werden die Davidoff-Zigarren in der Dominikanischen Republik hergestellt (links). Diese Marke mit einem so breiten Angebot an Formaten wurde ständig größer. Ihre Stärke liegt weiterhin in der unnachahmlichen Qualität der Produktion und der Präsentation.

engagierten Fachmann zu tun zu haben und nicht mit einem beliebigen Verwaltungsangestellten: »Kelner leitet ein Familienunternehmen, und unsere Firma ist auch ein Familienunternehmen.«

Schneider stellte Kelner auf die Probe, indem er ihn eine Marke herstellen ließ, die nach einem berühmten Nachtclub in Genf den Namen The Griffin's tragen sollte. Die Probe fiel überzeugend aus. So überzeugend, daß er sich mit TABADOM partnerschaftlich verband und mit dieser ein gemeinsames Unternehmen gründete. Er traf sogar eine schwerwiegende Entscheidung: Ab 1990 sollten die Davidoff-Zigarren in der Dominikanischen Republik hergestellt werden.

Diese Nachricht schlug bei allen, die mit Zigarren zu tun hatten, wie eine Bombe ein. Die Entscheidung, die allererste Zigarrenmarke der Welt nicht mehr in Kuba, sondern in der Dominikanischen Republik herzustellen, kam einer Revolution gleich. Kritiker folgerten daraus, Schneider habe die kubanische Zigarrenindustrie im Stich gelassen, und stellten seine Qualitätskontrollen und seine Integrität in Frage. Niemand konnte ahnen, daß die von Schneider so genannte neue Generation von Davidoff-Zigarren, ein Ergebnis der Fähigkeiten Kelners und der ausgezeichneten Qualität des dominikanischen Tabaks, bei den Verbrauchern dann einen solchen Anklang finden sollte.

Daß bedeutende Unternehmen wie Consolidated und General Cigars, die mehrheitlich amerikanisch waren, abwanderten, ging noch an: Durch das Embargo waren die Amerikaner praktisch gezwungen, Ersatz für die kubanischen Zigarren zu finden. Doch daß eine Marke freiwillig von Kuba in die Dominikanische Republik wechselte, das war der Gipfel.

Die Griffin's, deren Bauchbinde den aus der Mythologie berühmten Vogel Greif zeigt, werden mit einer Mischung von Tabaken aus verschiedenen Ernten hergestellt. Typisch für sie ist ein sehr reiches Aroma.

Davidoff stellte sich damit als Herausforderer gegen die bisher als Selbstverständlichkeit geltende Vorstellung, daß kubanische Zigarren die besten Zigarren der Welt seien. Zum erstenmal sahen sich die Zigarrenraucher gezwungen, dominikanische Zigarren ernst zu nehmen.

»Es war eine schwere Entscheidung; alle hielten mich für verrückt und erwarteten eine Katastrophe. Aber trotzdem unterstützten mich meine Leute«, erzählt Schneider.

Simon Chase, der für die englische Firma Hunters & Frankau kubanische Zigarren importiert, drückt die Situation so aus: »Davidoff und Schneider waren so klug, nicht unbedingt an den Geschmacksnuancen ihrer alten Zigarren festhalten zu wollen. Die Größen sind vielleicht in vielen Fällen gleichgeblieben, und das Konzept der Serien mit ihren jeweiligen speziellen Geschmacksrichtungen wurde beibehalten, aber dabei haben sie sich bemüht, beste dominikanische Zigarren herzustellen.« Und mit Recht kann man heute sagen, daß die neue Generation der Davidoff zu den besten großen Zigarren der Welt gehören.

Dabei hat Schneider seine Produktion nicht deswegen verlegt, weil er mit dem Rohmaterial in Kuba unzufrieden gewesen wäre; im Gegenteil betont er, daß »der Tabak von Havanna einer der besten ist«. Er versichert, er sei nicht wegen des kubanischen Tabaks, sondern wegen der stark schwankenden Qualität des Endprodukts abgewandert, und auch, um die gleichbleibende Qualität und den Ruf seiner Marke zu bewahren. Er hält es sogar für möglich, daß er einen Teil seiner Zigarren wieder in Kuba herstellen könnte, wenn die Bedingungen ihm wieder günstiger erschienen.

Aus heutiger Sicht hat Schneider richtig gehandelt. Und Davidoff ist nicht der einzige berühmte Name, der in der Welt der Zigarre mit der Dominikanischen Republik verbunden ist. Zahlreiche Dunhill-Formate und -Formen werden unter der Ägide von José A. Seijas in La Romana in der Manufaktur von Consolidated, Tabacalera De Garcia Ltd. hergestellt.

Und wieder sollte die internationale Politik eine entscheidende Rolle für die Entwicklung der kubanischen und der dominikanischen Zigarrenindustrie spielen. 1990 hatte die Auflösung des Ostblocks und damit das Wegfallen der beträchtlichen wirtschaftlichen Unterstützungen für Kuba schlimme Folgen. Diese Lage wurde noch durch schlechte Ernten verschärft und führte zu einer großen Knappheit an kubanischen Zigarren. Wäre Schneider in Kuba geblieben, hätte er praktisch keine Zigarren zu verkaufen gehabt. So aber konnte er 1997 sagen: »Im vergangenen Jahr haben wir dreimal mehr Zigarren verkaufen können als in den besten Jahren in Kuba.« Das Auslagern der Produktion brachte den Vorteil, daß der riesige und im Wachsen begriffene Absatzmarkt der Vereinigten Staaten, vorher aufgrund des Embargos gegen Kuba nicht zugänglich, plötzlich für die ausgezeichneten Davidoff-Zigarren offen war.

Davidoff und generell die Dominikanische Republik waren die ersten, denen der große Aufschwung zugute kam, der in den 90er Jahren in der Welt der Zigarre stattfand. Mit fast 140 Millionen Stück pro Jahr wurde die Dominikanische Republik seitdem zum größten Produzenten hand-

Seit 1980 wurden in der gesamten Dominikanischen Republik zahlreiche Tabakfabriken gegründet (unten links). Jede bildet ihre eigenen Zigarrenmacher aus, die *tabaqueros*, qualifizierte Fachkräfte mit einem einzigartigen Können. Heute steht das Land mit über 200 Millionen verkauften Zigarren (1997) an der ersten Stelle der Exporteure. Die Zahl der dominikanischen *»hechos a mano«* (handgemachten Zigarren), die jährlich in Frankreich geraucht werden, wird im übrigen auf etwa drei Millionen geschätzt (oben). Sie sind in der ganzen Welt für ihre Qualität berühmt.

Unten die von Kennern geschätzte Doppel-Corona von Arturo Fuente. Oben rechts eine Blütenlese dominikanischer Zigarren, von denen manche (Upmann, Partagas usw.) in Europa wegen der Konkurrenz zu gleichnamigen kubanischen Zigarren nicht verkauft werden dürfen.

gemachter Zigarren. Selbst Hunters & Frankau, die bisher unerschütterlich an Havanna festhalten, sind eine Partnerschaft mit Consolidated eingegangen, um die alte kubanische Marke Santa Damiana, die heute aus der Dominikanischen Republik kommt, wieder ins Leben zu rufen.

Natürlich ist auch in der Dominikanischen Republik nicht alles Gold, was glänzt. In den Jahren ab 1990 verzehnfachte sich die Zahl der Manufakturen, und wenige sind so qualitätsbewußt wie Hendrik Kelner. Zudem konnten manche skrupellose Hersteller der Versuchung nicht widerstehen, noch mehr Nutzen aus der Beliebtheit dominikanischer Zigarren zu ziehen, und brachten ihre Produkte unreif auf den Markt.

Die Zigarrenhändler in den Vereinigten Staaten und in Großbritannien konnten jedoch feststellen, daß nach dem Abwandern der Davidoff- und der Dunhill-Zigarren aus Kuba die dominikanischen Zigarrenmanufakturen im Ansehen sehr gestiegen sind. Bereits die Auslagen in den Schaufenstern zeigen ein reichliches, gutsortiertes Angebot an dominikanischen Spitzenzigarren; diese neuen Marken, die mit Mischungen aus dominikanischen Tabaken und besten Tabaken anderer Länder gemacht werden, treffen auf wachsende Begeisterung. Zu nennen sind da vor allem die Marken Pléiades, Arturo Fuente, José Benito, Cerdan, Bauza, Cuesta-Rey, Avo, Paul Garmirian sowie die mit dem Zeichen Nat Shormans, eines großen Importeurs und Händlers in den Vereinigten Staaten.

In den Vereinigten Staaten werden Marken aus der Dominikanischen Republik angeboten, die ursprünglich kubanisch waren; in Europa hingegen verbietet eine internationale Vereinbarung den Verkauf dieser Marken – Hoyo de Monterrey, Upman, Partagas, La Gloria Cubana und Cohiba –, um die Konkurrenz mit den Originalmarken gleichen Namens, die wirklich in Kuba gemacht werden, zu verhindern.

Kurz vor Anbruch des 21. Jahrhunderts präsentiert sich Santiago, Hauptstadt der dominikanischen Zigarren, blühender als je zuvor. Fast allen Produzenten ist bewußt, daß sie, um ihre mühsam erworbene Spitzenposition in der Zigarrenbranche zu halten, in ihren Anstrengungen nicht nachlassen dürfen und die Qualität halten müssen. Zuversicht jedoch dominiert. N.F.

Eine Reihe von dominikanischen Zigarren wird auch in Europa angeboten: Griffin's (N° 400, N° 500, Robusto und Privilege). Sie werden aus Tabaken hergestellt, die im Valle de Cibao wachsen, wo die klimatischen Bedingungen für die Tabakproduktion ideal sind.

KING EDWARD THE SEVENTH
IMPERIALES
CORONA CLASSICA
OUD KAMPEN
PAYS-BAS
BACHSCHMIDT
25 VASCO DA GAMA ·BRASIL·
100% Havana
Made under Licence of CUBATABACO
CADRE NOIR
CORONA
GRANDS TABACS D'AFRIQUE

DIE ZIGARREN ANDERER LÄNDER

Die Entwerfer der Vistas wurden auch durch die Dekorationskunst anderer Kulturen (Seite 175: gewagte Farben und reiche Motive) inspiriert. Zigarren aus Brasilien (Vasco da Gama), Honduras, den Vereinigten Staaten (King Edward), Sumatra, Santo Domingo, Frankreich (Cadre Noir oder Fleur de Savane) und aus anderen Ländern werden zu Stückzahlen, die in die Milliarden gehen, in der Welt gehandelt (Seite 174). Keine jedoch kann den Wunderwerken aus Havanna das Wasser reichen.
1977 schuf Zino Davidoff in Honduras die Zino Corona Extra und die Zino Long Corona. Mit diesen beiden Zigarren faßte er den nordamerikanischen Markt ins Auge, auf dem kubanische Zigarren verboten sind.
Manche Tabak-Fachleute behaupten, die Excalibur von Hoyo de Monterrey, die ebenfalls in Honduras hergestellt wird, könne mit den schönsten Havannas konkurrieren.
Alle diese Zigarren (in der Feuchtekiste, rechts) fallen jedoch für unseren Geschmack zu fade aus.

Und wie sieht es mit den anderen nichtkubanischen Zigarren aus? Ehrlich gesagt – man kann sie vergessen. Dieses etwas harsche Urteil mag schockieren, denn Millionen von Zigarren werden überall auf der Welt hergestellt, und viele durchaus ernst zu nehmende Zigarrenliebhaber rauchen sie mit Genuß. Und doch bestehen wir darauf: Die nichtkubanischen Zigarren sind – mit Ausnahme der dominikanischen – noch keine Wunderwerke. Dies verlangt nach einer Erklärung.

Eine Konkurrenz zu kubanischen Zigarren schien möglich, als mit der Castro-Politik viele Zigarrenfachleute den Produktionsstandort Kuba verließen. Sie eröffneten neue Betriebe längs des tropischen Gürtels und in anderen Exilländern und versuchten, mit ihrer großen Erfahrung und ihrem in langen Jahren in Kuba erworbenen Wissen in jenen Gegenden ebenso schöne Tabakblätter zu ziehen, wie sie auf dem gesegneten Boden der Vuelta Abajo wuchsen. Doch trotz aller Anstrengungen gab es immer wieder Rückschläge, und sehr, sehr oft scheiterten die Versuche ganz. Weder kamen die Einlagen jemals wirklich an die kubanische Qualität heran, noch hielten die Deckblätter einem direkten Vergleich stand. Die von diesen ausgewanderten Kubanern kreierten Zigarren wurden immer als etwas fade empfunden. Ihr Aroma verflüchtige sich im Mund sehr rasch, so befanden die sogenannten »Tabak-Önologen«.

Trotz dieser Vorbehalte sollen natürlich all die anderen Zigarren nicht ignoriert werden, denn sie holen auf, und manche sind gut. Und ein leidenschaftlicher Zigarrenraucher darf sich nicht weigern, die Zigarren eines neuen Herstellerlandes zu versuchen, auch wenn er sich nicht gerade dort aufhält. In vielen Regionen der Welt finden sich innovative Produzenten, die die unterschiedlichsten Zigarren in vielleicht gewöhnungsbedürftigen, aber ganz eigenen, ausgeprägten Geschmacksrichtungen geschaffen haben.

Daß der karibische und der mittelamerikanische Raum dabei dominieren, wird angesichts der Nähe zu Kuba nicht verwundern. Aber auch in Asien und Europa tut sich einiges.

MITTELAMERIKA

Eingerahmt von Mexiko, der Dominikanischen Republik und Honduras, den drei Großen des Tabaks, beschränkt sich Nicaragua auf die Herstellung einer einzigen Zigarre, der Joyce (rechts, zwischen anderen nichtkubanischen Zigarren, den Zino Mouton Cadet und den Don Tomas aus Honduras, den Pride of Jamaica aus Jamaika und den Largas Filipinas von den Philippinen). Zigarren-Experten geben zu, daß allein die Fabrik Arturo Fuente (unten) in Santo Domingo, die von Exilkubanern geleitet wird, in bezug auf das technische Niveau einem Vergleich mit den Werkstätten in Havanna standhalten kann.

Honduras. Ein ernst zu nehmender Konkurrent ist der Dominikanischen Republik in Honduras entstanden, einem Tabakland, das neuerdings ebenfalls immer attraktiver wird.

Hier wuchs der Tabak, wie in einigen anderen amerikanischen Ländern, schon immer wild. Christoph Kolumbus, der 1502 auf seiner dritten Entdeckungsreise nach Honduras kam, traf dort Indianer an, die bereits Tabak rauchten. Im Laufe der Jahrhunderte hatte kein Unternehmer in Honduras in den Tabakanbau investiert, und so hatte die Zigarrenherstellung immer nur regional einen guten Ruf genossen.

Erst durch Zino Davidoff, der sich 1977 bei seinen Versuchen, eine gute, nichtkubanische Zigarre herzustellen, auch für Honduras als Produktionsstandort entschied, wurde ein Entwicklungsprozeß ausgelöst.

In Santa Rosa de Lopan entdeckten Schweizer Fachleute eine Fabrik aus dem Jahre 1785, die letzte in Honduras, die noch ihre eigenen Pflanzungen besaß. In dieser Region hatten die Maya jahrhundertelang Tabakanbau betrieben. Einlagen und Deckblätter der zehn Zino-Zigarren, die dort von Hand gerollt werden, stammen aus dem Lopan-Tal, dem Chamelecon-Tal und dem Ulla-Tal, die sozusagen das honduranische Äquivalent zu den kubanischen Dörfern San Juan und San Luis sind. Die Zino Corona Extra und die schlankere Zino Long Corona sind, beispielhaft für alle Produkte von Honduras, aromatisch und vorwiegend mild. Die Zino Mouton Cadet I und II haben die amerikanischen Raucher im Sturm erobert. Trotz heftiger Anti-Raucher-Kampagnen bleiben die USA ein wichtiger Abnehmer. Seit etwa 1995 gibt es sogar einen regelrechten Zigarren-Boom. Deswegen und weil in den USA nur nichtkubanische Zigarren verkauft werden dürfen, bemüht sich Honduras wie viele andere kleine Produzentenländer um den nordamerikanischen Absatzmarkt. Nun werden diese Zigarren *made in Honduras* aber langsam auch auf den europäischen Märkten immer beliebter.

Der Amerikaner Lew Rothman, Gründer der Handelsgesellschaft J. R. Tobacco, die in den USA 40 Prozent des Marktes für Luxuszigarren an sich gerissen hat, hält die Excalibur von Hoyo de Monterrey aus Honduras für die beste Zigarre der Welt. Sie wurde von zwei berühmten Spezialisten kreiert, Frank Llaneza und Dan Blumenthal, die seit 1950 in Honduras mit kubanischem Samen arbeiten. Die Excalibur wurde ihr großer Erfolg.

Llaneza produziert auch für andere Marken: Punch und Hoyo für Rothman, Rey del Mundo, die Flor de Caraïbes und die Flor de Allones für Dunhill. Aufmerksamkeit gebührt auch den N° 1 von José Llopis und den Presidentes, beide von der Gesellschaft Tabacos de Honduras auf den Markt gebracht. Auf dem amerikanischen Markt gibt es noch die Panetela Fina, die Corona Imperial, die Maduro 858 und die Bahia von Arturo Fuente, die man mit Genuß und zu

Brasilien ist unbestreitbar eines der Länder, in denen die Tradition der Zigarre immer gepflegt wurde (rechts: Stich einer Fabrik in der Provinz Bahia, Ende des letzten Jahrhunderts; unten und Mitte: Vistas brasilianischer Marken), gleichgültig, ob man nun diese außerordentlich starken Zigarren, die viele, selbst sehr erfahrene Raucher zum Husten bringen, schätzt oder nicht.
Die Blätter für die Joyce aus Nicaragua stammen von Tabakfeldern (rechte Seite) im Osten des Landes.

maßvollen Preisen rauchen kann. Für unseren Geschmack reichen die Honduras-Zigarren in der Qualität bisher allerdings nicht an die in der Dominikanischen Republik hergestellten heran.

Mexiko. Viele Amerikaner begeistern sich auch für mexikanische Zigarren. Die klassischen Marken – Costenos, La Prueba, Ornellas und Te Amo – haben seit langem eine treue Kundschaft. Doch machen ihnen neue Zigarren Konkurrenz, etwa die Doppel-Corona von Santa Clara 1830, die Don Pepe und die Mocambo. Zudem locken die mexikanischen Preise. Ausgezeichnete Doppel-Coronas von 19 Zentimetern werden für umgerechnet fünf Mark das Stück verkauft, und die Churchills von Te Amo, die wunderbar ziehen und weder zu scharf noch zu fade sind, kosten kaum sieben Mark. Für nichtkubanische Zigarren besitzen die mexikanischen eine ausgezeichnete Qualität.

Nicaragua. Nach einem jahrelangen Bürgerkrieg erholt sich das Land allmählich wieder und hat sich einen Namen als solider Produzent von Luxuszigarren gemacht. Neben der bekanntesten Marke, Joyce, die die recht guten Emperados macht, gibt es neue Marken wie Cupido, Padron, Grand Nica Torano, Thomas Hinds, La Gianna und Gilberto Oliva, um nur einige der repräsentativsten zu nennen.

Costa Rica. Zusammen mit Nicaragua ein weiterer Produzent von langsam steigender Bedeutung in Mittelamerika. Costa Rica hatte mit der Bahia Gold einen ersten beachtlichen Erfolg auf dem Zigarrenmarkt.

SÜDAMERIKA

Brasilien. Die brasilianischen Zigarren nehmen bei großen Rauchern eine Sonderstellung ein. Sie sind die einzigen, bei denen man annähernd einen so vollmundigen und befriedigenden Rauch findet wie bei den Havannas. Sie vereinen Körper mit Milde. Manche Sorten, besonders die schwarzen, werden jedoch nur von »alten Hasen« als Genuß empfunden.

Die brasilianischen Tabakblätter, die bei Cruz de Almos in der Provinz

The Hoffman House

Was Zigarren betrifft, hatten die Amerikaner (links: Zigarrenabteilung eines großen Kaufhauses Ende des 19. Jahrhunderts) schon immer einen ziemlich eigentümlichen Geschmack. Sie rauchen sie gern parfümiert, aromatisiert, fast süßlich. Diese für Europäer so befremdlichen Geschmacksrichtungen sind, wie zu erwarten ist, auch für die amerikanischen Sorten und ganz besonders für die Spanish Colonial Style von Bering bezeichnend.
Auf manche amerikanischen Zigarrenkisten klebten die Hersteller ein informatives Etikett (unten).

Die amerikanischen Vistas entlehnten manchmal ihre Motive der Geschichte der Vereinigten Staaten (rechts: Pioniere auf dem Treck nach Westen).
Diese Vista (unten) stellt Zigarren dar, die in Form eines Fasses oder Bienenkorbs gebündelt sind.
Eine Zigarrenboutique in der Halle eines großen Hotels in New York zu Beginn dieses Jahrhunderts (rechte Seite, oben).

Bahia angebaut werden, sind wirklich schwarz, *negro*. Die Zigarren, die aus ihnen hergestellt werden, schmecken jedoch erstaunlich mild. In Europa werden meist die Espada von Danneman in durchsichtigen Kunststoffschachteln zu 25 Stück angeboten. Sie sind sehr preisgünstig und durchaus einen Versuch wert. Danneman bietet auch Vera Cruz in der Zehnerschachtel an, der es jedoch für ein Format, das schon fast an die Doppel-Corona heranreicht, an Persönlichkeit mangelt. Auch Davidoff stellt Brasil-Zigarren her, die Zino Santos und die Por Favor. Die größten Zigarren von Suerdieck, der großen brasilianischen Marke, werden von etlichen Rauchern in Deutschland bevorzugt, darunter Helmut Kohl. Von den Freunden kleinerer Formate werden daneben auch die Talvis oder die kleinen Suerdieck durchaus geschätzt.

ANTILLEN

Jamaika. Auch die Doppel-Coronas Pride of Jamaica und Fundadores of Jamaica sind auf dem amerikanischen Markt sehr begehrt. Von New York bis San Francisco stellen viele Kenner die Jamaika-Zigarren mit denjenigen aus Honduras auf eine Stufe, gleich unter die Zigarren aus Santo Domingo. In London und Sydney haben Raucher für die Tropical de Luxe und die Macanados immer einen Ehrenplatz bereit.

VEREINIGTE STAATEN

Obgleich sie dem kubanischen Paradies so nahe sind, haben die Amerikaner bei ihren Zigarren ganz eigene Geschmacksvorlieben und -richtungen entwickelt. Hier werden die Tabake für die Einlage wie Zigarettentabake behandelt, das heißt parfü-

McBRIDE'S THEATRE TICKET OFFICE

Auf Sumatra geht die Tabakverarbeitung bis ins 17. Jahrhundert zurück (rechts: das Sortieren der Blätter, zu Anfang dieses Jahrhunderts). In Birma raucht jeder, selbst die Jüngsten, und die Frauen sind stolz auf ihre Geschicklichkeit beim Zigarrenmachen. Sie gelten übrigens erst dann als wirklich perfekt, wenn sie diese schwierige Kunst vollkommen beherrschen (Mitte: eine Gruppe junger Frauen, die auf der Straße Zigarren verkaufen).
Im Gegensatz zum westlichen, sich zäh haltenden Vorurteil werden im Stamm der Ami auf Taiwan die großen Zigarren als zu weiblich empfunden, als daß sie von den Männern geraucht würden. Für den Mann werden kleine Zigarren als passend angesehen, und die großen Zigarren sind den Frauen vorbehalten (unten).

miert und aromatisiert. Die Deckblätter sind häufig mattiert. Bei diesem Prozeß wird zum Glätten der Oberfläche Tabakstaub auf dem Blatt fixiert. Diese Behandlung verleiht den Tabakblättern ein unnatürliches Aussehen, das sehr viele Raucher abstoßend finden.

Die amerikanischen Zigarillos – zum größten Teil mattiert – sind berühmt, und das bekannteste unter ihnen ist das Robert Burns. Das Zentrum der Herstellung befindet sich in Tampa, Florida, wo die Hava-Tampa-Zigarillos in Massen produziert werden. Die Firma Bering macht dort die Spanish Colonial Style, deren Geschmack ebenso bezeichnend ist wie ihr Name. Die Amerikaner sind die größten Zigarrenproduzenten auf der Welt, und sie verarbeiten die Blätter aus Florida, Maryland und Kentucky auf ihre eigene Weise. Tatsächlich sind die amerikanischen Raucher die einzigen, die diese äußerst hellen, grünen Blätter bevorzugen. Weitere Marken sind King Edward (Jacksonville) und Dutch Master. Man muß sie selbst probieren.

SÜDOSTASIEN

Manila / Philippinen. Die Zigarren von Manila besitzen einen guten Ruf – dank zweier Marken, der Flor de la Isabella und der Alhambra. In der Hauptstadt der Philippinen stellt die *tabacalera* zwölf Zigarren her, von denen die Coronas und die Coronas Largas am meisten gekauft werden. In Humidorbehältern zu 50 Stück werden sie zum gleichen Preis wie die mexikanischen oder brasilianischen Zigarren angeboten. Die philippinischen Zigarren sind bei den ersten

Im Jahre 1905 wurden auf Sumatra die getrockneten Tabakblätter auf Karren zur Fermentation gebracht (rechts). Da der Zigarrenhandel überall in der Welt verbreitet ist, besonders auch in Asien, besitzen manche Vistas exotischen Charakter (unten: Vista, die eine Japanerin im Kimono darstellt).

Ellis

Zügen eine angenehme Überraschung, werden aber gegen Ende beißend. Viele Zigarrenraucher ziehen zu Recht das »Trompetenformat« der Flor de la Isabella vor, eine starke und sehr beliebte Zigarre mit einer eigentümlichen Form – dick und mit einem rechtwinkligen Brandende, der Kopf klein, rund und offen –, die vom ersten bis zum letzten Zug den gleichen rauhen Geschmack und ein starkes Aroma besitzt.

dert eingebürgert, Tabake und Zigarren aus Südostasien zu importieren und sie in Nordeuropa wieder zu verkaufen. So bildete sich eine Kundschaft, die an die sehr trockenen, etwas bitteren Zigarren mit neutralem oder manchmal orientalisch würzigem Aroma gewöhnt war.

In dieser Kategorie sind auch die Zino Drie und die Zino Jong nicht uninteressant.

In Morlaix in der Bretagne (links und linke Seite) wurden 1740 auf Anordnung König Ludwigs XV. die ersten französischen Zigarren hergestellt. Diese Fabrik ist noch heute in Betrieb. Die Zigarrenkisten-Pressen (linke Seite) haben sich allerdings etwas verändert ...
Zu Ende des vorigen Jahrhunderts geschaffen, verkörpert Bibendum (oben) auf humoristische Weise die Gesellschaft Michelin. 1905 war er mit einer Brille und einer dicken Zigarre ausgestattet, damit er in jeder Lage glücklich und selbstsicher wirkte.

Auch andere südostasiatische Länder wie **Java, Sumatra, Borneo** und **Birma** produzieren Zigarren, die allerdings eine Welt für sich darstellen. Sie lassen sich unter der Bezeichnung »Holländische Mischung« zusammenfassen. Durch die historischen Handelsbeziehungen zu Indonesien und den holländischen Handelsniederlassungen in Indien hatte es sich bei den Händlern aus Amsterdam, Rotterdam und Den Haag seit dem 17. Jahrhun-

EUROPA

Spanien. Spanien stellt zweifellos die besten Zigarren in Europa her. Und doch sind die Calypso, El Guajiro, Helios, Don Julian und Peñamil nie über die Pyrenäengrenze hinausgelangt. Selbst die *cigarcanaria* Alvaro und Don Alvaro von Torres Ruiz, berühmte Marken, die seit mehr als einem Jahrhundert auf den Kanarischen Inseln existieren, finden trotz günstiger Preise nur in Spanien An-

Diese niederländische Vista ist ein Hinweis darauf, bis zu welchem Grade das Ritual des wechselseitigen Sich-Feuer-Gebens in die Mythologie der Zigarre eingegangen ist (oben).
Die holländischen Zigarren (rechts), die man zum Beispiel in dem wunderbaren Zigarrenladen Hajenius in Amsterdam erstehen kann, sind ausschließlich aus den Tabaken Sumatras, einer früheren holländischen Kolonie, hergestellt. Sehr viele Raucher in den nordischen Ländern sind bedingungslose Anhänger dieser »Holländischen Mischungen«.

SINDS 1826
SENORITAS
SUMATRA
SIMPLEX SIGILLUM VERI
P.G.C. HAJENIUS
AMSTERDAM
HAJENIUS
AMSTERDAM
SIGILLUM VERI
10 SIGNORINA SUMATRA
1e MEDAILLES
WEENEN
PARIJS
AMSTERDAM
NAPELS
HAVRE

In Italien wird eine berühmte Zigarrenmarke hergestellt, die Toscani (rechte Seite), die außerordentlich stark und herb ist. Ungeachtet einiger Tabakfelder in der Toskana (rechts oben) und einer guten, traditionsreichen Technik der Blattbehandlung (unten: die Trocknung) wissen die Italiener erst seit kurzem den Genuß einer großen Zigarre zu schätzen.

klang. Und noch viel erstaunlicher ist es, daß die Don Miguel sich auf dem europäischen Markt nicht hat durchsetzen können. Diese Marke wurde auf den Kanarischen Inseln von der kubanischen Familie Menendez, den ehemaligen Besitzern von H. Upmann und Montecristo, kreiert und ist von ausgezeichneter Qualität. Für nichtkubanische Deckblätter sind die der N° 2 Tubos makellos und wunderschön. Sicherlich leiden die Don Miguel unter einer ungünstigen Präsentation, denn die Kisten und Hülsen in Blaßblau wirken äußerst trist. In bezug auf das Preis-Qualitäts-Verhältnis kann die N° 2 von Don Miguel allerdings nicht mit der Montecristo N° 3 konkurrieren, der sie ansonsten nahekommt. Die Don Miguel werden heute in Santo Domingo hergestellt.

Frankreich. Frankreich rangiert in der Welt als Zigarrenproduzent an zweiter Stelle hinter dem amerikanischen Konzern Consolidated Cigars. Die Produktion liegt dort in den Händen der Seita, die das Tabakmonopol innehat. Doch der größte Teil der Produktion besteht nicht aus Zigarren, sondern aus Zigarillos. Die Senoritas, Ninas, Fleur de Savane, Reinitas, Havanitos, Chiquito, Nemrod und dergleichen mehr machen fast 90 Prozent der gesamten unter der Bezeichnung Zigarre laufenden Herstellung aus.

Seit dem letzten Weltkrieg gilt die Diplomate als französische Zigarre Nummer eins. Diese kleine Halb-Corona, leicht bauchig, war lange das größte Format *made in* Frankreich. Sie wurde von der Cadre Noir abgelöst, einer Zigarre, deren Einlage aus Havannatabak besteht – was keinerlei exakte Herkunftsgarantie bedeutet, sondern nur besagt, daß er aus Kuba stammt. Das Deckblatt kommt aus Kamerun. Die Cadre Noir gibt es in vier Formaten: Sélection de Luxe, Panetela, Corona und dem größten, den Imperiales. Sie werden in Straßburg maschinell hergestellt und haben sich auf dem französischen Markt nie durchsetzen können, zweifellos aufgrund ihres etwas unbestimmten Aromas. Die Picaduros ist die einzige Zigarre, die zu 100 Prozent französischen Tabak enthält, und dies verleiht ihr einen gewissen

MONOPOLI DI STATO
ITALIA
TOSCA
TOSCANO
EXTRA

Spanien verkörpert mehr als jedes andere europäische Land alte Zigarrenkultur. Die Spanier, diese bedingungslosen, treuen Anhänger der Havanna-Zigarren, rauchen ganz allein pro Jahr 40 Millionen Stück und haben damit den größten Verbraucheranteil der Welt. Mit einer Tradition im Rücken, die bis ins 17. Jahrhundert zurückgeht, produzieren sie auch selbst einige gute handgemachte Zigarren, wie zum Beispiel die Peñamil (rechts).

PEÑAMIL
PEÑAMIL
HECHO A MANO
PEÑAMIL
6
HECHO A MANO
6

Charakter. Seit 1987 stellt die Seita die Mini-Montecristo her, die seither den Platz der kleinsten Havannas eingenommen hat.

Italien. Italien ist berühmt für seine Toscani, die als besonders starke Zigarren bekannt sind und die nur ein »alter Hase«, ein abgehärteter Raucher, verträgt.

Dänemark. Dies ist das Land, in dem der Zigarrenkonsum pro Einwohner weltweit am höchsten liegt. Die Dänen stellen zwei Marken her, E. Nobel und Hirschsprung. Diese Zigarren werden zum Glück nicht exportiert.

Bundesrepublik Deutschland. Es gibt inzwischen etliche deutsche Marken, die meist Sumatra- oder Brasiltabake, vereinzelt auch Havannatabake verarbeiten. Man sollte auf den Hinweis »100% Tabak« oder »reiner Tabak« achten, denn fehlt er, so bedeutet dies, daß die Zigarren auch Blätter aus fein zerstoßenen und gepreßten Tabakabfällen enthalten.

Die größten Marken sind unter anderem die Churchill, die Bethan (»Grand Prix«, eine Corona mit Havannatabak) und die Partageño von Schuster, die es in Serien der verschiedensten Formate und Stärken gibt und die teilweise von Hand gefertigt werden.

Zudem bieten die erstklassigen Zigarrenfachgeschäfte, deren Zahl ständig zunimmt, inzwischen auch eigene Marken an, meist aus Sumatra-, Brasil- und Havannatabaken. Sie dekken in Serien die Palette der üblichen Formate und Stärken mehr oder weniger ab und sind zu äußerst günstigen Preisen erhältlich.

Manchmal sind auch Nationalembleme auf den Vistas abgebildet (rechts oben: der deutsche Bundesadler).
Als der berühmte Torero El Gallo (rechte Seite) sich gegen Ende der 50er Jahre von seinem Beruf zurückzog, organisierten seine Verehrer eine riesige Sammlung, damit er bis zum Ende seines Lebens mit Zigarren versorgt wäre. Dies dokumentiert, wie wichtig man in Spanien die Zigarren und den Stierkampf nimmt, so wichtig, daß sie zu Symbolen der Kultur eines ganzen Volkes geworden sind.
Der Journalist Xaviero Domingo (rechts) verfaßte die schönsten Texte zum Ruhme der Zigarre. In Barcelona machte er ein außergewöhnliches Restaurant ausfindig, das Eldorado Petit, das eine ganz erstaunliche Auswahl der größten Havannas anbietet. Xaviero Domingo, der sich sehr für die Beziehungen zwischen dem Rauchen und der Gastronomie interessiert, hat übrigens auch zur Ausarbeitung einer Zigarrenkarte für Restaurantbesitzer beigetragen.

DIE EDELSTEN ZIGARREN AUF DEM PRÜFSTAND

Kein Menschenleben reicht aus, um alle Zigarren, die es auf der Welt gibt, zu probieren. Wer könnte das von den Havannas behaupten? Wir nicht.

Wie die meisten Verbraucher erwerben auch wir unsere Zigarren in den zollfreien Läden der großen Flughäfen, den spanischen *tabacaleros*, den kleinen französischen *tabac*-Läden und in den Läden von Gérard, Davidoff oder Dunhill.

Das hier dargestellte Ergebnis unserer großen Zigarrenprobe ist weder philosophisch noch politisch beeinflußt, noch läßt es sich wissenschaftlich belegen. Es ist eine qualitätsmäßig möglichst breitgefächerte Rezension der auf dem Markt erhältlichen Havannas; sie werden nach ihrer Größe geordnet vorgestellt und kommentiert. Da seit 1.1.1993 keine Davidoff-Havannas mehr im Handels sind, ist Davidoff ebenso wie Dunhill hier nicht aufgeführt.

Die Beschreibungen des jeweiligen Rauchgenusses sind natürlich extrem subjektive Geschmacksurteile.

DIE GROSSEN ZIGARREN

DOPPEL-CORONAS

MARKEN	FORMATE	KOMMENTARE
BOLIVAR	Corona gigate	Wer die Marke kennt, verzichtet kaum mehr auf sie.
CIFUENTES	Super estupendos	Ähnelt mehr der Sanchos als der »A«, ist aber eine echte Doppel-Corona.
GISPERT	Gispert	Eine sehr edle Zigarre, die man umso mehr genießen muß, als sie rar ist. In Europa fast unbekannt.
HOYO DE MONTERREY	Epicures	Eine Zigarre der absoluten Spitzenqualität.
HOYO DE MONTERREY	Prominentes	Eine wunderbare Zigarre, und eine Bauchbinde, die man nie vergißt.
H. UPMANN	Sir Winston	Wie bei Hoyo de Monterrey oder Partagas unterscheiden sich diese Doppel-Coronas in Aroma und Milde stark von den anderen Zigarren dieser Marke. Exquisit. Wunderschönes, schwarzlackiertes Kistchen.
LA ESCEPCION	Gran Gener	Magnum, die größte, regelmäßig hergestellte Havanna. Auch die teuerste. Eine wahre Superzigarre. Das letzte Symbol der Zigarren für Könige. Wird nur von Rauchern geschätzt, die an sehr große Formate gewöhnt sind. Im Einzelkistchen aus Holz.
LA ESCEPCION	Coronas extralargas	Goldene Bauchbinde, Aussehen einer Romeo y Julieta Churchill; eine edle Zigarre für einen besonderen Genuß.
MONTECRISTO	»A«	Das Symbol für die Doppel-Corona, in Europa am meisten bekannt; durchaus verdientermaßen so erfolgreich. Eine der schönsten Kisten heutzutage.

	MARKEN	FORMATE	KOMMENTARE
DOPPEL-CORONAS	PARTAGAS	Connaisseurs	Zusammen mit der Kollektion der Epicures von Hoyo de Monterrey wird die der Connaisseurs für die beste der Welt gehalten.
		Lusitanias	Viele, die sie kennen, sind ihr restlos verfallen. Sie muß jeden Raucher begeistern.
		Churchills	Sie kommt gleich nach der Lusitanias. Ausgezeichnete Zigarre, eine sehr starke Partagas.
	POR LARRAÑAGA	Coronas immensas	Leider kennt man von dieser Marke im allgemeinen nur die Panetela fina und die Montecarlos, doch auch die großen Larrañaga verdienen durchaus Aufmerksamkeit.
	PUNCH	Doppel-Corona	Mit der Hoyo zusammen eine der in Form und Geschmack klassischsten Zigarren dieses Formats. Ein Hochgenuß.
		Churchills	Etwas kleiner und etwas fester gerollt, mit einem etwas kraftvolleren Aroma. Eine Zigarre, die beglückt.
	QUAI D'ORSAY	Imperiales	Vergleichbar der Dom Pérignon und der Romeo, zu klein für eine echte Doppel-Corona.
	RAFAEL GONZALEZ	Doppel-Corona	Die zusammen mit den Dunhill von den Engländern am meisten bevorzugte dicke Zigarre. Aromatisch.
	RAMON ALLONES		Leider nur sehr wenig verbreitet, wie alle Zigarren dieser Marke.
	EL REY DEL MUNDO		Hat im allgemeinen mehr Körper als die Doppel-Coronas anderer Marken.
	ROMEO Y JULIETA	Churchills tubos aluminio	Ebenso klein wie die Dom Pérignon und die Imperiales. Diese Maduro ist nur etwas für »alte Hasen«.
	SANCHO PANZA	Sanchos	Identisch mit der Montecristo »A«. Diese Marke hätte es verdient, bekannter zu sein. Die Sanchos besitzen stets ein unnachahmliches Aroma. Eine sehr edle Zigarre.
LONSDALES	BOLIVAR		Ganz eigenes, exotisches Aroma, das sich besonders im karibischen Klima entwickelt.
	CIFUENTES	Altezas reales	Eine dicke Perfecto oder eine verkleinerte Gran Gener. Kräftig und befriedigend.
	COHIBA	Lanceros	Sie hat die Länge einer Lonsdale, doch beinahe den Durchmesser einer Panetela. Bemerkenswerte Herstellungsqualität. Dunkel und kräftig in Aroma und Würze.
	FONSECA	N° 1	Die beste dieser in Spanien erhältlichen Marke. Die Zwillingsschwester der Montecristo N° 1, in Silberpapier gewickelt.
		Cristales	Genau wie die vorhergehende, nur etwas kürzer. Der gleiche Genuß.

	MARKEN	FORMATE	KOMMENTARE
LONSDALES	HOYO DE MONTERREY	Epicures	Eine ausgezeichnete Zigarre.
	H. UPMANN	Doppel-Coronas	Aufgrund ihrer Dicke schlicht superb, dabei mißt sie nicht einmal 16 cm. Ein iedeales Format, auch wenn sie nichts von einer Doppel-Corona hat.
		Monarch	Wunderschöne Form, dunkel, gut gerollt, etwas stark, wie viele Zigarren dieser Marke.
		Lonsdales	Kleiner und weniger interessant als die vorhergehende.
		N° 1	Ähnelt der Montecristo N° 1, besitzt jedoch vielleicht etwas mehr Körper als die Montecristo.
		N° 2	Spitz zulaufend. Ähnelt der Montecristo N° 2. Häufig etwas dunklere Deckblätter als bei der Montecristo. Herber im Rauch, nur für gestandene Raucher.
	LA ESCEPCION	Gener especiales	Die Erscheinung einer Montecristo N° 1, der gleiche Preis wie für die Coronas extralargas, jedch feiner und kürzer; eine schöne Aromamischung, delikat im Rauch.
		Cazadores	Eine Coronas extralargas um 3 cm verkürzt und stärker, mit goldener Bauchbinde und schönem Querschnitt.
	LA GLORIA CUBANA	Médaille d'or N° 2, lackierte Kiste	Eine in Europa wenig bekannte Marke. Diese Lonsdales ähneln den 8–9–8 in lackierter Kiste von Partagas.
	MARIA GUERRERO	Aguilas	Kräfitg und gut. Eine Perfecto.
	MONTECRISTO	N° 1	Eine äußerst beliebte dicke Zigarre.
		N° 2	Ein imposanter Durchmesser; dadurch besonders vollmundig.
	PARTAGAS	Connaisseurs	Eine ganz wunderbare Zigarre.
		Presidentes	Eine der Lonsdales mit dem meisten Körper. Eine Perfecto in Zellophan.
		8–9–8, lackierte Kiste	Für erfahrene Raucher. Kraftvoll, jedoch durch den abgerundeten Geschmack etwas gemildert. Nicht mit den normalen 8–9–8 zu verwechseln. Drei gebündelte Lagen zu 8, 9 und 8 Stücken, was ihnen auch ihren Namen gab.
		8–9–8	Verglichen mit den vorhergehenden Zigarren eher enttäuschend.
	POR LARRAÑAGA		Im Genuß der Montecristo N° 1 entsprechend.
	RAFAEL GONZALEZ	Lonsdales	Wenn man die Gelegenheit hat, sollte man nicht versäumen, einige zu erwerben.

	MARKEN	FORMATE	KOMMENTARE
LONSDALES	RAMON ALLONES		Wie die Bolivar entfaltet auch sie sich in tropischem Klima besser.
	EL REY DEL MUNDO	Lonsdales	Schöner, vollmundiger Rauch für eine häufig sehr fest gerollte Zigarre. Für erfahrene Raucher.
	ROMEO Y JULIETA	Exhibition N° 4	Von der Qualität der Epicures oder der Connaisseurs, zumindest beinahe. Eine edle und sehr rare Zigarre, mit mehr Körper als die vorhergehenden.
		Cedros de Luxe N° 1	Eine delikate und aromatische Zigarre, milder als die Cedros N° 3. In ein Blatt einer kubanischen Zeder eingewickelt. Grüne Bauchbinde.
CORONAS, KLEINE CORONAS UND HALB-CORONAS	BOLIVAR	Coronas Extra Cabinet Selektion	Ein Hochgenuß. Wunderbarer Körper, in der direkten wie in der übertragenen Bedeutung. Eine Zigarre für jede Tageszeit. Halb-Coronas gebündelt zu 50 Stück.
		Tubos N° 1	Die dickste der drei Tubso von Bolivar.
		Tubos N° 2	Die Tubos von Bolivar sind zusammen mit den Dunhill die angenehmsten Zigarren.
		Coronas Extra	Entspricht der Montecristo N° 3. Aromatischer.
		Kleine Coronas	Viel weniger angenehm als die vorherige. Sehr zart, aber von leichten Rauchern sehr geschätzt.
		Tubos N° 3	Künstlich, etwas scharf.
	CIFUENTES	Cristaltubo	Erinnert in der Präsentation an die Henry Clay, die allen alten Rauchern noch in treuer Erinnerung ist. Hülse aus Glas.
	COHIBA	Coronas especiales	Für leichte Raucher, raucht sich für diese Größe gut.
	FONSECA	Cosacos	Kleine Corona für den Aperitif, von einer fast unbekannten Marke, die gute Zigarren macht. Wer sie nicht kennt, sollte sie probieren. Die kleinste Zigarre dieser Marke, in Silberpapier eingewickelt.
	HOYO DE MONTERREY	Epicure N° 2	Die Traumzigarre. Wuchtig, dick, göttlich.
		Hoyo des Dieux	Eine schöne »kleine« Zigarre, in der Qualität den großen Formaten der Marke am nächsten.
		Coronas	Schöner gerader Körper, aber nur für erfahrene Raucher.
		Coronations	Entspricht der Upmann in der Hülse.
		Palmas Extra	Wenig interessant.

MARKEN	FORMATE	KOMMENTARE
HOYO DE MONTERREY	Hoyo du Roi	Eine milde, gute Zigarre.
	Cordon rouge sélection	Eine weitere Zigarre, die der Montecristo N° 1 ähnelt und die noch vor kurzem nur in Spanien leicht erhältlich war; spezielle Bauchbinde.
	Hoyo du Prince	Für ihren Preis eine sehr gute Zigarre.
	Hoyo du Député	Leider nur schwer erhältlich.
H. UPMANN	Majestic	Kümmerliche Kleine Corona, zu schwarz. Die negative Seite der Maduro.
	Naturales	In der Hülse. Lang, dünn und scheußlich.
	Singulares	In der Hülse. Zu bitter.
	Coronas Major	Stark, oft herb und vor allem trocken.
	Medias Coronas	Eine sehr schöne und gute Kleine Corona, solange sie richtig aufbewahrt wird. Man sollte sie nicht in den Metallschachteln zu fünf Stück – im Flugzeug oder im Flughafen – kaufen, denn diese sind immer zu trocken, und daher unmöglich zu rauchen. In der Hülse.
LA ESCEPCION	Bombones	Die Doppelgängerin der Montecristo N° 5. Sie bietet den gleichen Genuß.
LA FLOR DE CANO	Cristales	Das Allerbeste dieser Marke. Vergleichbar einer Montecristo N° 3, aber etwas stärker.
	Selectos	Apsruchslose Kleine Corona, recht angenehm. Für starke Raucher.
LA TROYA	Coronas Siglo XX	Die Marke La Troya ist außerhalb Spaniens kaum bekannter als die Marke Los Statos de Luxe. Die Siglo XX ist das größte der acht in Barcelona oder Madrid erhältlichen Formate. In einer Hülse aus Glas.
	Coronas Club tubul	Verwandt mit der Upmann in der Hülse. Aluminiumhülse.
	Mascotas	Erinnert an die Quintero Brevas, etwas aromatischer. In Zellophan.
LOS STATOS	Selectos	Gleicht der Montecristo N° 3, jedoch nicht so gut gemacht, gleichzeitig weniger Geschmack und mehr Körper. In einem Zedernblatt und in Cellophan.
	Dobles	Etwas für starke Gaumen. In Zellophan.
	Brevas	Die dickste Zigarre der sieben Formate dieser in Spanien erhältichen Marke.
LOS STATOS DE LUXE	Delirios	Phantastische Qualität für eine so preisgünstige Zigarre. In Zellophan.

MARKEN	FORMATE	KOMMENTARE
MARIA GUERRERO	Macanudos	Das Format einer Epicure N° 2. Sehr angenehm, jedoch stärker.
	Cristales	Entspricht der Montecristo N° 3. In einer Hülse aus Glas.
	Cedros de Luxe N° 2	Identisch mit der Romeo y Julieta des gleichen Formats. In einem Zedernblatt eingewickelt.
MONTECRISTO	Tubos	Man sollte sie vermeiden. Dieser Rat gilt häufig für Zigarren in der Hülse. Gelbe Metallhülse.
	N° 3	Die am wenigsten erfolgreiche Montecristo. Urtyp der Corona.
	»B«	Auf sie könnten sich die Freunde der N° 3 und der N° 4 einigen.
	N° 4	Für gute Raucher eine wunderbare Zigarre für jede Tageszeit, ausgezeichnet auch für den Anfänger. Wie die N° 3 niemals in Fünfer-Etuis kaufen. Urtyp der Kleinen Corona.
	N° 5	Ausgezeichnet vor Vorspeisen. Urtyp der Halb-Corona.
PARTAGAS	Kleine Coronas tubos	Corona in Etuis mit 5 Hülsen. Für die Reise gut geeignet.
	Super Partagas	Kleine Corona für den abgehärteten Gaumen. In Zellophan.
	Charlotte	Zu dünn im Körper, zu ausgeprägt im Geschmack.
	Eminentes	Ähnelt den Coronas de Luxe von El Rey del Mundo.
	Coronas Senior	Entspricht den Coronas Major von H. Upmann. Herb im Geschmack.
	Coronas Junior	Scheußlich. Alle kleinen Partagas rauchen sich schwer.
POR LARRAÑAGA	Transparentes	Ziemlich kräftig und oft zu trocken. Hülse aus Glas.
PUNCH	Punch-Punch	Lange Zeit nur in den zollfreien Läden der Londoner Flughäfen erhältlich. Starke Corona, die beste von Punch. Einen Raucher muß sie begeistern.
	Coronations	Uninteressant.
	Souvenir de Luxe	Gehört in die Kaegorie der schlechten Zigarren, die in Flugzeugen verkauft werden.
	Palmas Reales	Vollkommen uninteressant.
QUAI D'ORSAY	Gran Coronas	Länger, aber dünner als die Coronas Claro, und nicht so gut.

CORONAS, KLEINE CORONAS UND HALB-CORONAS

MARKEN	FORMATE	KOMMENTARE
QUAI D'ORSAY	Coronas Claro	Ausgezeichnete Zigarre, rund, aromatisch, voller Geschmack, immer angenehm. Weniger hell als früher einmal.
QUINTERO	Coronas cristal	Das größte der neun Formate dieser in Spanien erhältlichen Marke. Hülse aus Glas.
	Nationales	Kleine Corona, die längste dieser kleinen Zigarren. Sehr gutes Verhältnis von Qualität zu Preis.
	Londres Extra	Für die Zigarren dieser Marke braucht man einen robusten Gaumen.
	Panetelas	Noch herber als die vorhergehenden.
EL REY DEL MUNDO	Coronas de Luxe	Die leichteste (colorado claro) der Geschmackspalette. Wie alle Zigarren dieser Marke häufig zu fest gerollt.
	Kleine Coronas	Etwas scharf.
ROMEO Y JULIETA	Aguilas	Ein Hochgenuß für starke und begeisterte Raucher. Große Perfecto.
	N° 1 de Luxe	Enttäuschend. Die kubanische Zigarre, die in den Flughafen-Läden am meisten verkauft wird. In der Hülse.
	N° 2 Tubos	Unausgewogen und scharf.
	N° 3	Schlecht.
	Cedros de Luxe N° 3	Die beste der kleinen Romeo. Aromatisch. In ein Blatt einer kubanischen Zeder eingewickelt.
	Clarines	Sehr kleine und sehr starke Corona.
	Coronitas	Ebenso.
	Exceptionales	Man kann dem Wortspiel nicht widerstehen: sie hat nichts Exzeptionelles an sich.
	Celestiales Finos	Uniteressant.
SANCHO PANZA	Belicosos	Bei einem recht eigenen Aroma doch ein großer Genuß. Bemerkenswert. Spitz zulaufend.

DIE BESTEN ADRESSEN

ZIGARRENLÄDEN

Es ist ein recht schwieriges und heikles Unterfangen, die schönsten Zigarrenläden mit dem besten Sortiment und dem fachkundigsten Personal in der ganzen Welt auszusuchen. Im Grunde ist es sogar unmöglich, wirkliche Vergleiche aufzustellen, und dies aus mehreren Gründen. Zunächst einmal ist die »Zigarrenkultur« in den verschiedenen Ländern sehr unterschiedlich ausgeprägt. In der Bundesrepublik zum Beispiel existiert sie nicht in vergleichbarem Maße wie etwa in der Schweiz, in Großbritannien und in Spanien. In Frankreich und Italien gibt es ein Monopol im Tabak- und Zigarrenhandel, wodurch das Angebot generell eingeschränkt ist. In den traditionellen »Zigarrenländern« wie Spanien, England und der Schweiz sind die Raucher seit mehr als einem Jahrhundert schon Kenner, die die Entwicklung »ihrer« Zigarren genau verfolgen. Dies spiegelt sich in der hohen Qualität der Zigarrenläden wider.
Außerdem sind nur sehr wenige Läden allein auf die sachgemäße Aufbewahrung und den Verkauf von Zigarren spezialisiert. Gérard in Genf ist da heute fast eine Ausnahme und um so interessanter, als er nur Havannas anbietet. Die meisten anderen Läden verkaufen neben den Zigarren auch noch andere Artikel. Wir berücksichtigten dies und nahmen zudem ein ganzes Spektrum von Läden, vom luxuriösesten bis zum einfachsten, in unsere Liste auf.

BELGIEN

Zabia Eilen Sie zu Madame Van den Bossche. Sie ist eine ungewöhnliche Frau, die die Zigarre und ihre verschiedenen Aromen, ihre Stärken und Schwächen so gut kennt, daß ihr alle berühmten belgischen Küchenchefs zu Füßen liegen: Sie »komponiert« für sie die Zigarrenkeller. Und gleichzeitig ist sie unendlich geduldig mit ihren Kunden, ob sie nun berühmt sind oder nicht.
Zabia gehört heute zu den Davidoff-Läden, doch, wie auch bei den anderen Läden dieser Gruppe, ist man dort so klug, das Angebot auf fast alle großen Zigarren zu erweitern, quer durch alle Marken. Eine der besten Adressen in Europa.

Brüssel, 8 – 10, Rue Lebeau
Tel.: 00 32/2/5 12 94 22

DEUTSCHLAND

In Deutschland gibt es in einigen Städten schöne Fachgeschäfte mit Tradition und auch verschiedene gut ausgestattete neuere Läden, die beispielsweise alle in den letzten Jahren begehbare Klimaräume eingerichtet haben. Der Schwerpunkt liegt deutlich im süddeutschen Raum, besonders in Bayern, wo das Zigarrenrauchen schon immer sehr beliebt war. Die meisten der hier aufgeführten Zigarrengeschäfte sind Davidoff-Depots und mit Ausnahme von Diehl, Niemeyer und Wolsdorff gehören alle der John Aylesbury-Gruppe an. Das ist eine Händlergruppe, die es sich zur Aufgabe gemacht hat, neben den Havannas auch eigene gute und preisgünstige Zigarren anzubieten.

(Reihenfolge alphabetisch nach Städten).

Pfeifen-Schneiderwind Ein 1846 gegründetes, traditionsreiches Unternehmen, das über Deutschlands Grenzen hinaus für Qualität und Service bekannt ist. Der Geschäftsinhaber, seit 40 Jahren im Hause tätig, gehört mit zu den ersten Davidoff-Depositären und John Aylesbury-Mitgliedern.

52062 **Aachen**, Krämerstr. 13 – 15
Tel.: 02 41/3 08 37

Davidoff I im KaDeWe Ein besonders vielseitiges Fachgeschäft, das nicht nur das komplette Davidoff-Programm anbietet, sondern über eine wirklich riesige Auswahl aller wichtigen Marken verfügt.

10789 **Berlin**, Tauentzienstr. 21 – 24
Tel.: 0 30/21 21 23 05

Niemeyer Tabak-Collegium Ein neues, großes und schön eingerichtetes Geschäft, ein Davidoff Depot, das auch eine breite Havanna-Auswahl anbietet.

28195 **Bremen**, Knochenhauerstr. 5
Tel.: 04 21/51 10 64

Der **Gebrüder Heinemann Havanna-Shop** und der **Duty Free Shop** im Frankfurter Flughafen verfügen über Humidore und sind hervorragend sortiert.

60549 **Frankfurt a. M.**, Flughafen, Halle A (Havanna-Shop) und Halle B (Duty Free Shop)
Tel.: 0 69/69 04 01 61

Pfeifen-Tesch hat Tradition in Hamburg. Seit vier Generationen ist das Familienunternehmen in den Colonnaden vertreten. Es bietet ein ausgewogenes, breites Sortiment an Havannas und karibischen Marken an.

20354 **Hamburg**, Colonnaden 10
Tel.: 0 40/34 25 84

Emil Wolsdorff K. G. Ebenfalls ein Familienunternehmen, das sich in der dritten Generation dem Zigarrenhandel widmet. Wolsdorff hat Filialen in vielen deutschen Großstädten, den Schwerpunkt jedoch in Hamburg. Hier unterhält die Firma ein Davidoff-Depot und bietet daneben insbesondere Serien eigener Marken an.

22095 **Hamburg**, Spitalerstr. 16
Tel.: 0 40/32 79 86

Koenig & Schubert Dieses Fachgeschäft führt fast alle gängigen Havanna-Zigarren und eine große Auswahl aus Santo Domingo und Honduras.

30159 **Hannover**, Lavesstr. 71
Tel.: 05 11/32 19 84

Das **Tabac-Collegium** in Köln führt neben allen Havanna-Marken viele karibische Zigarren und eine große Auswahl an Humidoren.

50667 **Köln**, Richartzstr. 12
Tel.: 02 21/2 57 87 65

Heinrich Möller Ein Davidoff-Depot mit über 125-jähriger Tradition und breitem Karibik-Sortiment.

23552 **Lübeck**, Holstentor-Passage
Tel. 04 51/7 77 12

Cigarren-Bader Ein kleines Fachgeschäft in der Seite des Münchner Rathauses mit großem Klimaraum und klimatisiertem Zigarrenkeller. Dieses Davidoff-Depot bietet neben allen großen Havanna-Marken auch eine breite Palette karibischer Provenienz an, wie beispielsweise eigene Import-Serien aus Santo Domingo und Honduras. Das umfassende Angebot an Humidoren reicht vom »Taschenhumidor« bis hin zu großen Klimaschatullen.

80331 **München**, Marienplatz 8 (Eingang Weinstr.)
Tel.: 0 89/22 30 06

Dallmayr Ein dem berühmten Feinkostgeschäft angegliederter, aber in sich abgeschlossener kleiner Laden mit Klimaraum sowie einem Lager, in dem die Zigarren unter den gleichen klimatischen Bedingungen aufbewahrt werden, wie in den Davidoff-Lagern. Ein lupenreines Zigarren- und Pfeifengeschäft mit Davidoff-Depot.

80331 **München**, Dienerstr. 14
Tel.: 0 89/21 35-171

Wilh. & Rich. Diehl Als eines der führenden Fachgeschäfte hat sich Diehl schon sehr früh auf hochwertige Importzigarren spezialisiert. Der Davidoff Depositär führt auch alle bekannten Importmarken aus Havanna, der Karibik, Mexico, Manila, Brasilien usw. und bietet in nunmehr zwei Geschäften exquisites Raucherzubehör an.

80333 **München**, Theatinerstr. 9
Tel.: 0 89/ 29 75 63
80331 **München**, Kaufingerstr. 9
Tel.: 2 60 92 39

Huber Das Fachgeschäft mit Tradition seit 1863 führt ebenfalls ein Davidoff-Depot und besitzt einen schönen Klimaraum. Neben einem erlesenen Zigarren-Sortiment bietet es eine große Auswahl feiner Humidore, Zigarren-Accessoires und Pfeifen an.

80331 **München**, Tal 22
Tel.: 0 89/22 11 93

Zechbauer Ein exquisiter, wunderschön eingerichteter Laden mit altem, gedrechseltem Holzmobiliar und modernem Klimaraum. In diesem renommierten Geschäft mit Davidoff-Depot findet man eine überwältigende Auswahl an Zigarren – neben allen großen Marken auch eigene unter dem Namen Zechbauer International: ein Angebot an Sumatra- und Brasil-Zigarren in Serien der verschiedensten Formate und Stärken. Im Basement werden Pfeifen und Raucherutensilien angeboten.
80333 **München**, Residenzstr. 10
Tel.: 0 89/29 01 30 26

Drexlers Tabakstube Ein Davidoff-Depot in Nürnberg, das auch viele Havannas anbietet.

90403 **Nürnberg**, Kaiserstr. 32
Tel.: 09 11/22 15 66

Götz ist führend im ostbayerischen Raum. Das Davidoff-Depot mit Klimaraum bietet unter anderem alle kubanischen Marken sowie namenlose Hersteller aus Honduras und der Dominikanischen Republik an.

93047 **Regensburg**, Neupfarrplatz 3
Tel.: 09 41/5 48 31

Die Alte Tabakstube am Schillerplatz hat sich unter ihrem engagierten Geschäftsführer einen Namen gemacht. Das Fachgeschäft, ein Davidoff-Depot, verfügt über einen technisch perfekten Klimaraum, in dem viele karibische Sorten bis hin zu den Spitzen-Havannas bestens konditioniert reifen.

70173 **Stuttgart**, Schillerplatz 4
Tel.: 07 11/29 27 29

FRANKREICH

Boutique 22 ist ein wahres Schmuckkästchen in der Nähe der Place de l'Étoile in Paris. Ihr Zigarrenkeller ist phantastisch. Zudem begnügt sich Francis Matthieu, der Geschäftsführer, nicht mit seinem Davidoff-Angebot, sondern hat für seine Kunden immer auch Neuentdeckungen bereit, die ebenfalls aus Kuba stammen. Die Boutique 22 führt alle Raucherartikel, insbesondere wunderbare Humidorschatullen, die von Handwerkern nach Maß angefertigt werden.
Manchmal zu astronomischen Preisen. Aber welch schöne Arbeit!

Paris, 22, Avenue Victor-Hugo
Tel.: 00 33/1 45 01 81 41

Dunhill Hier findet man sämtliche Dunhill-Produkte. Doch es ist auch ein Vergnügen, hier unter dem strengen Auge des Begründers Alfred Dunhill, der von den Wänden der Boutique herabblickt, eine gute, edle Havanna zu erwerben. Die Zigarren sind alle ausgezeichnet.

Paris, 15, Rue de la Paix
Tel.: 00 33/1/42 61 57 58

Chez Fuchs Im luxuriösen Seebad Saint-Tropez modernisierte Olivier Fuchs 1988 einen Tabakladen, den die Einwohner seit 35 Jahren kannten. Er ließ sich von den Fachleuten von Davidoff beraten und besitzt nun einen der ausgeklügeltsten Zigarrenkeller in Frankreich. Restaurant- und Hotelbesitzer wie auch die »happy few« von Saint-Tropez kaufen ihre Zigarren bei Fuchs. Sein Name bürgt für Qualität.

Saint-Tropez, 7, Rue des Commerçants
Tel.: 00 33/4/94 97 01 25

Le Régence Die Eigentümer der hervorragendsten Châteaux-Bordeaux-Weine haben es sich angewöhnt, sich bei M. Daniel Moulier mit Zigarren zu versorgen. Seit einem Jahrhundert besteht La Régence im Herzen der Stadt Bordeaux. Heute ist der Laden auf Havannas spezialisiert, die in einem eindrucksvollen Zigarrenkeller mit großer Sorgfalt aufbewahrt werden. Der Kunde hat dort sämtliche Zigarrensorten, die es in Frankreich gibt, zur Auswahl. M. Moulier ist seit 1993 Geschäftsführer. Erwähnenswert ist sein Angebot an Fachbüchern – über Wein.

Bordeaux, 10, Cour du 30-Juillet
Tel.: 00 33/5/56 81 63 44

GRIECHENLAND

Balli Ein erstaunlicher Laden, von Frau Balli, einer nicht weniger erstaunlichen Frau, geführt. Sie vertritt Davidoff in Griechenland und hat bei den Griechen Interesse für die Zigarre geweckt. Man findet bei ihr bemerkenswerte Zigarren zu bemerkenswerten Preisen.

Athen, 1–3, Spyromiliou Street
Tel.: 00 30/1/3 22 19 07

GROSSBRITANNIEN

Dunhill Auch dieses Geschäft ist eine wahre Pilgerstätte für Zigarrenfreunde. Der einstmalige Hoflieferant Winston Churchills hat nichts von seinem Luxus und seinem Charme verloren. Ganz im Gegenteil. Die speziell für Dunhill hergestellten kubanischen Zigarren sind ein Traum. Sie allein sind eine Reise wert.
Doch da ist noch mehr: nämlich die besondere Note, für die der Name Dunhill steht. Man kann in diesem Laden Stunden damit zubringen, einfach alles nur zu betrachten. Jeder Winkel wurde sorgfältig gestaltet, jedes Stück befindet sich am richtigen Platz. Im ersten Stock ist der gesamte Zigarren-Verkaufsraum klimatisiert! Und diese herrlich englischen Verkäufer von Dunhill sind Spezialisten. Ihr Rat ist immer gut. Kein Zweifel, der englische Konservatismus hat auch sein Gutes. Dunhill liefert wieder einmal den Beweis dafür.

London, 48, Jermyn Street, Saint James
Tel.: 00 44/171/8 38 80 00

Sahakian-Davidoff Der Kontrapunkt im Zigarrenhandel von London. Der absolute Gegensatz zu Dunhill: Modernität ist hier alles. Der Rahmen ist phantastisch, die Zigarren sind vollkommen, und der Zigarrenliebhaber kommt voll auf seine Kosten. Da der Ort stark vom modischen Zeitgeist inspiriert ist, mag er die Kritik einiger sehr traditionell gesinnter Raucher herausfordern. In jedem Fall eine Adresse, die man nicht übersehen darf.

London, Saint James Street
Tel.: 00 44/171/9 30 30 79

HONGKONG

Davidoff eine wunderschöne Zigarrenboutique in einem wunderschönen Hotel! Hier findet der Raucher die Quintessenz dessen, was für Davidoff charakteristisch ist: Luxus, Eleganz und makellose Qualität der Produkte. Selbst für den Nichtraucher ist es ein Vergnügen, diesen Laden anzusehen.

Hongkong, Peninsula, Hotel Lobby, Shop EL 3, Kowloon
Tel.: 0 08 52/3/7 21 55 20

ITALIEN

Fincato Seit einigen Jahren haben die Italiener in bezug auf die Zigarre bemerkenswerte Fortschritte gemacht. Dieser zweite Zigarrenladen in Rom, nur wenige Schritte von Carmignani entfernt, legt Zeugnis davon ab. Er hat eine respektable Auswahl, teilweise ist sie sogar besser als bei Carmignani. Die Zigarren sind von ausgezeichneter Machart und wunderbar befeuchtet.
Warum also haben wir nach einem Besuch bei Fincato noch Vorbehalte? Aus einem sicherlich ungerechten und eigentlich rein subjektiven Empfinden: die Leidenschaft für die Zigarre ist in Rom noch zu neu, als daß sich dort bereits eine wirkliche Havanna-Kultur entwickelt haben könnte. Aber die Italiener geben sich dieser Passion mit wachsender Begeisterung hin.

Rom, Via de la Colona Antonia 34
Tel.: 00 39/6/67 85 55 08

NIEDERLANDE

Hajenius Je weiter man in den Norden Europas kommt, desto weniger wird die Havanna und um so mehr werden regionale Produkte geraucht. Welche Überraschung ist da dieses wunderbare Zigarrengeschäft mitten in Amsterdam! Sicherlich ist die Auswahl an Zigarren nicht unbegrenzt; sie sind jedoch in einem ausgezeichneten Zustand. Un auch die Betreuung ist sehr charmant. Man bemüht sich, den Kunden gut zu beraten. Etwas Besonderes ist auch der Rahmen: ein altehrwürdiges Tabakhaus mit vollkommen erhaltener Architektur und Ausstattung.

Amsterdam, 92–96 Rokin
Tel.: 00 31/20/23 74 94

SCHWEDEN

Brobergs Zigarrenfreunde spotteten lange Zeit über die Skandinavier und ihren seltsamen Geschmack. Wie überrascht waren wir da, als wir diesen bemerkenswerten Zigarrenladen in Göteborg entdeckten. M. Kastensson, von Davidoff gut beraten, bringt seinen Mitbürgern das Verständnis für wahre Zigarren bei und lehrt sie, sie zu rauchen. Er vollbringt wahrhaftig ein gutes Werk für die Allgemeinheit.

Göteborg, Arkaden
Tel.: 00 46/31/1512 60

SCHWEIZ

Davidoff Bedarf es weiterer Worte? Davidoff ist das Zauberwort in der Welt der Zigarre. Und dieser bescheidene Laden ist die Geburtsstätte von Davidoffs Schaffen. Wer die Zigarre liebt, muß diesen Ort einmal besucht haben. Hier haben die größten und berühmtesten Raucher des Jahrhunderts ihre Zigarren gekauft. Wie ein Kunstliebhaber nicht nach Paris fährt, ohne den Louvre zu besuchen, darf auch ein Zigarrenliebhaber, sollte er sich einmal in Genf befinden, auf keinen Fall die geheiligte Stätte des Zino Davidoff übergehen. Dort erwartet ihn eine Fülle von attraktiven Angeboten erster Güte.

Genf, 2, Rue de Rive
Tel.: 00 41/22/ 28 90 41

Davidoff Diese Boutique ist einen »Abstecher« wert. Sie wird seit 20 Jahren von einer ganz außergewöhnlichen Frau geführt, Madame Roth, die eine phantastische Zigarrenkennerin ist und Sie mit großem Sachverstand beraten wird.

Zürich, Hotel Savoy, Poststr. 12
Tel.: 00 41/1/2 11 48 00

Dürr Hier wird die typische schweizerische Zigarren- und Tabaktradition gepflegt. An Modernität und Eleganz nicht vergleichbar mit dem Konkurrenten, dem Zürcher Davidoff. Jedoch ist es sehr angenehm, hier von Zeit zu Zeit einmal wieder in die Atmosphäre einer vergangenen Epoche einzutauchen.

Zürich, Bahnhofsplatz 6
Tel.: 00 41/1/2 11 63 23

Gérard Père et Fils Ein neues Havanna-Paradies in Genf, für manche das Nonplusultra. Gérard ist ein zigarrenbegeisterter und äußerst fachkundiger Händler, der jedes Jahr 30 000 Kilometer zurücklegt, um die allerbesten Zigarren von Havanna für seinen Laden zu erstehen. Auch in Genf noch behandelt er seine Zigarren und bereitet sie sorgfältigst für den Verkauf vor. Bei Gérard verkauft man keine »mittelmäßigen« Zigarren. Gérard Junior ist ein erfahrener Berater. Viele Stars fragen ihn bei der Zusammenstellung ihres Zigarrenkellers um Rat, aber mit gleicher Aufmerksamkeit widmet er sich auch dem einfachen Käufer von der Straße. Ein Laden, den man kennenlernen muß.

Genf, Hotel Noga Hilton, 19, Quai du Mont-Blanc
Tel.: 00 41/22/32 65 11

Grisel Cigares Hier ist ein Schüler Zino Davidoffs, der sich entschlossen hat, es mit dem Meister aufzunehmen. Dies versucht er, indem er ausgezeichnete Zigarren anbietet – die nicht aus Kuba stammen. Die sicherste Art, auf sich aufmerksam zu machen und, natürlich, die Preise zu senken. Zudem handelte Jean-Pierre mit den Kubanern aus, daß Hoyo de Monterrey speziell für ihn eine Lonsdale, eine Corona und eine Panetela herstellt. Und er verkauft sie zu erschwinglichen Preisen, zweifellos eine Versuchung für die Kunden Davidoffs oder Gérards.

Genf, 2–4, Place Longemalle
Tel.: 00 41/22/21 97 40

Rhein, eine der ältesten Schweizer Firmen, im Gebäude des Hotels des Bergues untergebracht, die seit 1920 vom Vater auf den Sohn übergeht und die Traditionen wahrt.
Sachkompetenz ohnegleichen und ein außergewöhnlich großes Sortiment an Havannas. Man wird dort immer sehr gut beraten und auch auf seltene und großartige Zigarren, die sich alle in wunderbarem Zustand befinden, hingewiesen.

Genf, 1, Rue du Mont-Blanc
Tel.: 00 41/22/32 97 64

SPANIEN

Ginemo Wir müssen zugeben, daß wir Spanien für das Zigarrenland in Europa halten; und dieser Laden in Barcelona bestätigt dies auf jeden Fall. Es ist ein wunderbarer Ort, auch wenn er nicht so luxuriös augestattet ist wie andere Läden auf dieser Liste. Gimeno kann man nicht mit einer Parfümerie oder mit einem Museum verwechseln; kaum tritt man ein, so ist man von köstlichen Tabak- und Zigarrendüften umgeben. Hier versorgen sich die Kenner, hier sind sie unter sich, an einem Ort, der zu ihnen paßt: einfach und gastlich.
Bei Gimeno gibt es eine unglaubliche Auswahl an Zigarren. Das ist aber auch kein Wunder. Schließlich ist Spanien außer Kuba das einzige wirkliche Köngreich der Zigarre. Bei unserem letzten Besuch entdeckten wir zum Beispiel eine Sancho Panza – die der wunderbaren Montecristo »A« entspricht – für umgerechnet ... zwölf Mark, fast geschenkt. An diesem Laden darf man nicht vorbeigehen, wenn man wieder einmal nach Barcelona kommt.

Barcelona, Paeso de Gracia 101
Tel.: 00 34/3/2 17 92 71

Gonsales de Linarès Die modernste Zigarrenboutique in ganz Spanien. Hier herrscht der absolute Luxus und es gibt klimatisierte Schließfächer für besondere Kunden! Ein erstaunlicher Ort, an dem man wirklich jede Havanna-Zigarre bekommt.

Madrid, Paeso Habana n° 26
Tel.: 00 34/1/2 62 22 82

Santiago In der Boutique Santiago, die in ganz Spanien bekannt ist, wird die Familientradition von Generation zu Generation fortgeführt. Hier hat man eine sehr große Auswahl an Zigarren, die unter besten Bedingungen präsentiert werden.

Madrid, Calle Alcala n° 18
Tel.: 00 34/1/2 21 47 16

VEREINIGTE STAATEN

Davidoff of Geneva Die erste Adresse für die Raucher in New York. Leider dürfen hier keine Havannas gehandelt werden.

New York, 535 Madison Avenue
Tel.: 0 01/2 12/7 51 90 60

FLUGHÄFEN

Die zollfreien Läden der Flughäfen in Europa, Nordafrika und im Mittleren Osten haben für die allgemeine Beliebtheit der Zigarre und die Entdeckung der vielen verschiedenen Havannasorten eine große Rolle gespielt. Viele Jahre lang konnten die Raucher in Europa nur in den *duty free shops* von Madrid, Frankfurt, Genf, London, Zürich, Casablanca, Dschidda, Moskau oder Warschau an Zigarren gelangen, die aus dem üblichen Angebot herausfielen, eine Abwechslung boten zu den ausgezeichneten, aber immer gleichen Montecristo.

Die Flughafenboutiquen der nördlichen Länder hatten dabei nie eine besonders große Vielfalt an Zigarren im Angebot. Im Osten gab es zwar schon immer äußerst preisgünstige Zigarren – so erwarben wir in Moskau im Mai 1987 einige Punch in der Einzelhülse zu umgerechnet 2,70 DM das Stück, während die vergleichbare Upmann in der Hülse in Paris damals umgerechnet 6,50 DM kostete –, doch sind dort oft die Regale leer.

In Madrid, Genf und Zürich findet man das reichhaltigste Angebot. Es gibt dort stets eine große Auswahl der schönsten Doppel-Coronas. Nicht zu vergessen Casablanca, wo wir unsere Koffer mit Romeo y Julieta Churchills zu umgerechnet 200 DM für die 25er-Kiste füllten.

In London wiederum ist man auf Punch spezialisiert. Sie bekommen dort, je nachdem, wie das Pfund steht, Punch-Punch für umgerechnet zwischen 215 DM und 270 DM die Kiste; in dieser Preisspanne ist das ein anständiges Angebot.

In Frankreich bekommt man in der Boutique von Roissy 1 seit 1987 sogar die berühmten Cohibas, auf die die Kubaner so stolz sind. Nachdem die Preise dort lange Zeit den größten Teil des Kundenkreises abschreckten, schritt die Coprova ein, die kubanische Gesellschaft, die Havanna-Zigarren nach Frankreich und in zahlreiche zollfreie Läden in Europa, Afrika und im Mittleren Osten exportiert, und sorgte dafür, daß die Preise auch in Frankreich fieen und sich an diejenigen in der Flughafenoutique in Amsterdam anglichen.

Während noch bis vor einigen Jahren die Flughafenboutiquen für den Zigarrenkauf nicht der ideale Ort waren, verfügen die meisten dieser *duty free shops* heute über fachgerechte Klimakammern.

FLUGHAFEN	PREISE	AUSWAHL
Algier	teuer	mittelmäßig
Amsterdam	interessant	mittelmäßig
Barcelona	sehr interessant	gut
Casablanca	sehr interessant	gut
Dschidda	interessant	reichlich
Dublin	interessant	gut
Frankfurt	teuer	gut
Genf	interessant	außergewöhnlich
Havanna	teuer	mittelmäßig
Helsinki	interessant	mittelmäßig
London	teuer	mittelmäßig
Madrid	sehr interessant	reichlich
Montreal	teuer	mittelmäßig
Moskau	sehr interessant	mittelmäßig
München	teuer	mittelmäßig
New York Kennedy	interessant	keine Havannas
Paris-Orly	teuer	mittelmäßig
Paris-Roissy 1	teuer	gut
Paris-Roissy 2	teuer	mittelmäßig
Rom	teuer	mittelmäßig
Sydney	sehr interessant	mittelmäßig
Tel-Aviv	teuer	mittelmäßig
Tokio	teuer	mittelmäßig
Tunis	teuer	mittelmäßig
Warschau	sehr interessant	mittelmäßig
Zürich	interessant	außergewöhnlich

KLEINES ZIGARRENLEXIKON

»A«: Die Super-Doppel-Corona (24 cm) von Montecristo. Eine der phantastischsten kubanischen Zigarren.

Amerikanische Mischung: Blonde Virginiatabake, die oft noch gesüßt werden.

Banda volado: Ein Umblatt-Tabak, der aufgrund seines raschen Brandes so genannt wird.

Bauchbinde: Bedrucktes Band aus Papier, das die Zigarre nahe beim Kopfende umschließt.

Belicosa: Spitz zulaufende Zigarre von Bolivar.

Belvedere: Corona von Partagas.

Bombone: Zigarre der Marke La Escepcion von José Gener.

Brandende: Das Ende der Zigarre, an dem man sie anzündet. Das Brandende kann je nach Zigarre geschlossen oder abgeschnitten sein.

Brasilianische Mischung: Schwarzer Brasiltabak, der einen starken und gleichzeitig milden Geschmack besitzt.

Brettchen: Rechteckiges Holzbrettchen, auf dem der Zigarrenmacher die Zigarren, vom ersten bis zum letzten Arbeitsschritt, herstellt.

Caballeria: Einheit eines Flächenmaßes für die Pflanzungen in Kuba. Entspricht 13,5 Hektar.

Cabinet: Höhere Kiste, in der die Zigarren in mehr als zwei Lagen angeordnet sind, die jeweils eine verschiedene Anzahl von Zigarren enthalten.

Capa: Deckblatt. Deckblatt-Pflanze.

Capadura: Zweite Tabakernte, bei der die Blätter kleiner sind als bei der ersten.

Capota: Umblatt. Bezeichnet auch verschiedene Pflanzen, deren Blätter für die Einlage und teilweise für das Umblatt verwendet werden.

Casa de tabaco: Tabakhaus oder Trockenschuppen. Holzhütten in den Pflanzungen, in denen die Tabakblätter getrocknet werden.

Cedros: Zigarren der Marke Romeo y Julieta mit grüner Bauchbinde, in ein Zedernblatt eingewickelt; es gibt sie in zwei Formaten: N° 3 (Kleine Corona) und N° 2 (Corona).

Centro fin: Fünfte Etage der Tabakpflanze, von unten gerechnet, in der zwei oder drei Blätter wachsen.

Centro gordo: Sechste Etage der Tabakpflanze von unten gerechnet, in der zwei oder drei Blätter wachsen.

Chaveta: Das einzige Werkzeug des Zigarrenmachers. Ein halbmondförmiges, flaches Metallstück, dessen Fläche zum Rollen benutzt wird und dessen gewölbte, scharfe Kante zum Schneiden dient.

Chico: Eine schlanke Zigarre von 60 mm bis 120 mm Länge mit offenem Kopf.

Churchill: Verschiedene Doppel-Coronas, meist kleine (17 bis 18 cm); die beliebteste ist die der Marke Romeo y Julieta. Viele Marken, wie zum Beispiel Punch oder Partagas, haben Churchills in ihrem Sortiment.

Cigarito: Zigarette, die in ein Tabakblatt gerollt ist.

Clarissimo oder grün: Die hellste Farbe des Tabakblattes.

Claro: Farbbezeichnung tabakbraun (tabakgelb) für Tabake zwischen claro claro und colorado claro.

Claro claro oder doble claro: Farbbezeichnung blond für Tabakblätter.

Cohiba: Die Indianer auf den Karibischen Inseln bezeichneten so die Zigarre oder den Tabak. Der Name der einzigen kubanischen Marke, die seit der Machtergreifung Castros neu kreiert wurde.

Colorado: Farbbezeichnung mittelbraun für Tabakblätter.

Colorado claro: Farbbezeichnung hellbraun für Tabakblätter (zwischen tabakbraun/claro und mittelbraun/colorado).

Connaisseur: Zigarrenserie von Partagas; sehr gute Qualität.

Convicale: Zigarre von Rafael Gonzalez.

Coprova: Importgesellschaft für kubanische Zigarren nach Frankreich.

Corojo: Deckblatt-Pflanze.

Corona: Zigarre mit parallelen Seiten und rundem, geschlossenem Kopf, zwischen 13 und 15 cm lang, mit einem Durchmesser von 16 bis 17 mm. Das klassische Havanna-Format. Die beiden Blätter an der Spitze der Tabakpflanze werden ebenfalls »corona« genannt.

Corona gigante: Doppel-Corona von Bolivar.

Corona grande: Synonym zu Doppel-Corona.

Corona major: Die Upmann in der Einzelhülse.

Corona senior: Die Partagas in der Einzelhülse.

Criollo de sol: Pflanze, deren Blätter für das Umblatt verwendet werden.

Cubatabaco: Staatliche Gesellschaft, die die Herstellung und den Absatz aller kubanischen Zigarren kontrolliert.

Culebras: Kleine Zigarren mit geschlossenem Brandende, die jeweils aus drei zu einem Zopf verflochtenen Zigarren bestehen. Partagas ist die letzte große Marke, die noch regelmäßig Culebras herstellt.

Delgado: Zweifellos die kleinste Corona, die jemals hergestellt wurde (von Bolivar). Sie mißt 4 cm.
Demi-Tasse oder **Young Lady** oder **Lady Finger:** Eine 7 bis 10 cm lange Zigarre von der Dicke einer Panetela.
Diadema: Zigarre von Punch.
Doble claro oder claro claro: Farbbezeichnung blond für Tabakblätter.
Dom Pérignon: Die größte Zigarre von Davidoff.
Doppel-Corona: Corona mit einer Länge von 17 bis 24 cm.
Dulcinea: Zigarre von Sancho Panza.

Einlage: Die inneren Blätter einer Zigarre, die den Körper bilden und in das Umblatt und schließlich in das Deckblatt gewickelt werden.
Einschneiden: Öffnen des geschlossenen Zigarrenkopfes.
Entrippen: Entfernen der Mittelrippe aus dem Tabakblatt.
Entripperin: Arbeiterin in der Zigarrenfabrik, die das Entrippen der Blätter auf einem Brettchen auf ihren Schenkeln vornimmt; hierauf gründet sich die Legende von den schönen Zigarrenarbeiterinnen, die auf ihren nackten Schenkeln die Zigarren rollen.
Epicure: Zigarrenserie von Hoyo de Monterrey, von ausgezeichneter Qualität.
Escogida: Das Fest des Auswählens und Sortierens, das in Kuba in den Dörfern der Pflanzer gefeiert wird, wenn die Tabakblätter von den Spezialisten der Fabriken sortiert werden.
Etui: Das Lederetui für zwei, drei, vier oder fünf Zigarren eignet sich am besten dazu, um einige wenige Zigarren bei sich zu tragen.

Fabrica: Zigarrenfabrik, in der die Zigarren hergestellt werden.
Fabuloso: Zigarre, die größer ist als alle Normgrößen, wie zum Beispiel die Immensas.
Farbe: Von der hellsten bis zur dunkelsten sind die Farben des Tabakblattes: clarissimo, doble claro, claro, colorado claro, colorado, maduro colorado, maduro, oscuro.
Feuchter: Bereitet die für die zweite Fermentation des Tabaks verwendete Tabakbrühe zu und befeuchtet damit die Blätter.
Finca: Plantage in Kuba, auf der ausschließlich Tabak angebaut wird.
Format oder Fasson: Größe und Form einer Zigarre. Es existieren im wesentlichen – vom kleinsten bis zum größten – folgende Formate: Demi-Tasse, Halb-Corona, Kleine Corona, Corona, Perfecto, Panetela, Lonsdale und Doppel-Corona.

Garantiesiegel: Ein grünes Band mit dem Siegel der Republik Kuba, das, um die Havanna-Kisten gebunden, die Echtheit der Havannas garantiert.
Gavilla: Garbe von Tabakblättern. Diese Bezeichnung wird nur für die Bündel verwendet, wie sie von der Pflanzung an die Fabrik geliefert werden. Dort macht man aus den *gavillas* dann *tercios*.
Gran Gener: Doppel-Corona der Marke La Escepcion von José Gener.
Grün: Farbbezeichnung für Deckblätter, synonym zu clarissimo.
Guillotine: Zigarrenabschneider mit einer Kreisöffnung und einer geraden Schneide.

Halb-Corona: Kurze Corona, zwischen 7 und 8 cm lang, wie die Montecristo N° 5.
Halbrad: 25 oder 50 Zigarren, die mit einem Seidenband zusammengebunden sind.
Havana Club: Super-Doppel-Corona von Dunhill, die der Montecristo »A« sehr ähnlich ist, jedoch einen runden Querschnitt besitzt, während der der Montecristo rechtwinklig ist.
Havanna: Zigarre, die in Kuba aus kubanischen Blättern hergestellt wird.
Hecho a mano: Handgefertigt. Unverzichtbare Qualitätsgarantie für jede gute Zigarre.
Humidor (Feuchtekiste, Feuchteschrank): Luftdicht abgeschlossener Behälter zur Aufbewahrung von Zigarren, meist aus Holz, der mit einem Befeuchtersystem ausgestattet ist, um die relative Luftfeuchtigkeit konstant um 65 % zu halten.
Holländische Mischung: Tabake aus Java, Sumatra, Borneo.

Immenso: Zigarre mit Übergröße, wie die Fabulosos.
Imperiales: Doppel-Corona von Quai d'Orsay.

Jaino: Zigarre von Rey del Mundo.

Kalibrierholz: Holzbrettchen mit genormten Öffnungen zum Nachmessen der Zigarren.
Kiste: Zu einer, fünf, zehn, 25, 50 oder 100 Zigarren. Die Zigarrenkisten für Havannas sind alle aus kubanischem Zedernholz.
Kleine Corona: Corona von 9 bis 12 cm Länge.
Koh-I-Noor: Die wohl größte jemals hergestellte Zigarre; sie wurde in Kuba von Henry Clay für einen Maharadscha gemacht, ist jetzt in einem Tabakmuseum in der DDR ausgestellt und mißt 1,70 m.
Kopf: Das Ende der Zigarre, das man in den Mund nimmt.
Körper: Der gesamte Teil der Zigarre zwischen dem Kopf und dem Brandende.

Lancero: Das größte Format der Marke Cohiba.
Legero: Einlagetabak mit raschem Brand.
Longo: Zigarre von Hoyo de Monterrey.
Lonsdale: Corona mit einer Länge von 150 mm bis 170 mm.
Lunch Club: Corona von Rey del Mundo.
Lusitanias: Doppel-Corona von Partagas. Nach Meinung vieler Kenner eine der allerfeinsten Havannas.

Maduro: Farbbezeichnung schwarzbraun für Tabakblätter.
Maduro colorado: Farbbezeichnung mittelbraun für Tabakblätter.
Magnum oder **Torpedo:** Dicke Zigarre mit bauchigem Körper, mit einem spitz zulaufenden und meist geschlossenen Kopf und einem gerade abgeschnittenen Brandende.
Mattieren: Das Deckblatt wird mit feinem Tabakstaub bedeckt, um ihm ein gleichmäßigeres Aussehen und einen besseren Brand zu verleihen, der eine weiße Asche erzeugt. Betrifft eigentlich nur Zigarillos.
Medio tempo: Mittlere Brandgeschwindigkeit eines Einlagetabaks.
Microscopico: Zigarrenformat, das kleiner ist als die kleinsten Normalgrößen.
Mille Fleurs: Zigarre von Ramon Allones.
Minuto: Zigarre von La Gloria Cubana.
Mischung: Zusammenstellung von Blättern mit verschiedenen Aromen und verschiedener Herkunft, um »das Aroma« einer Zigarre oder einer Marke zu erhalten. Die befeuchteten Tabakblätter fermentieren zusammen in einer Holzkiste und vermischen auf diese Weise ihre Düfte.
Mischer: Er ist verantwortlich für die Zusammenstellung der Tabakblätter vor der Zigarrenherstellung.
Moho azul: Blausucht. Seuche, die die kubanische Ernte 1981 mehr oder weniger vernichtet hat.
Montecarlo: Panetela von Por Larrañaga.

Negro: Siehe Oscuro.

Oscuro oder **negro** oder **schwarz:** Dunkelste Farbbezeichnung für Tabakblätter.

Palmita: Zigarre von Gispert.
Panetela: Schlanke Zigarre mit geradem Körper und rundem, meist geschlossenem Kopf, mit einer Länge von 120 bis 130 mm.
Panetela fina: Noch schlanker als die Panetela (5 bis 6 mm).
Panetela larga: Zigarre von Sancho Panza.
Perfecto: Zigarre mit zylindrischem Körper, zum Brandende und zum halbspitzen, geschlossenen Kopf hin sich verjüngend. Die Perfectos sind meist in den Formaten von Demi-Tasse bis Corona zu finden.
Popular: Zigarre, die für den lokalen Bedarf in Kuba hergestellt wird. Die Populares werden nicht exportiert.
Primero ligero: Die von unten gesehen dritte Etage einer Tabakpflanze, deren drei Blätter (das dritte, vierte und fünfte) ebenso bezeichnet werden.
Puppe: Die in das Umblatt eingerollte Einlage.
Puro: Zigarre, deren Einlage, Umblatt und Deckblatt von der gleichen Anbauzone stammen. Qualitätsbezeichnung der Zigarre im Spanischen.

Quijote: Zigarre von Sancho Panza.

Regalia: Synonym zu Deckblatt. Im 19. Jahrhundert war dies die bekannteste Zigarre, deren berühmtester Anhänger Bismarck war.

Sancho: Zigarre von Sancho Panza.
San Juan y Martinez: Das mit San Luis berühmteste kubanische Dorf der Provinz Pinar del Rio, dessen Deckblätter die besten der Welt sind.
San Luis: Kubanisches Dorf der Provinz Pinar del Rio, im Herzen der Vuelta Abajo, dessen Tabake mit denen von San Juan y Martinez die berühmtesten überhaupt sind.
Seco: Einlagetabak mit langsamem Brand.
Secundo ligero: Vierte Etage der Tabakpflanze, von unten gerechnet. Sie enthält zwei oder drei Blätter.
Semillero: Aufzuchtpflanzung der Tabakpflanzen.
Splenderella: Zigarre von Rafael Gonzalez.
Stärke: Die Stärke der Zigarre. Sie steht in Zusammenhang mit der Farbe der Blätter, wobei der Tabak mit zunehmend dunkler Farbe stärker ist.

Tabaco: Kubanische Bezeichnung der Havanna.
Tabla de torcer: Werktisch des Zigarrenmachers.
Tapado: Tabakfeld (für Deckblätter), das mit Tüllschleiern vor zu starker Sonneneinstrahlung und vor Windschäden geschützt wird.
Tercio: Tabakblätterbündel während der Behandlung in der Fabrik.
Toscani: Italienische Zigarre, die sehr stark, sehr schlank und schwarz ist und einen gekrümmten Körper besitzt.
Tripa: Tabakpflanze für die Einlage.
Trocknung: Es gibt drei grundsätzliche Verfahrensweisen, die Tabakblätter zu trocknen: die Lufttrocknung,

die Sonnentrocknung und die Feuertrocknung.

Umblatt: Blatt zwischen Einlage und Deckblatt.
Uno y medio: Einzelnes Blatt, das von unten gerechnet an dritter Position an der Tabakpflanze wächst.

Vega: Boden bzw. ausgezeichneter Boden. Bezeichnung auch für eine Tabakplantage.
Veguero: Pflanzer.
Vista: Bildchen, häufig Farblithographien, als Verzierung auf den Deckel der Havanna-Zigarrenkisten oder auf das Blatt gedruckt, das die Zigarren abdeckt.
Vorleser: Traditionell wird in Kuba in den Werkstätten der Zigarrenmacher während der Arbeit vorgelesen: aus literarischen Werken oder der Tageszeitung.

Wilde: Bezeichnet Zigarillos, die ein wenig wie Puppen aussehen und deren Einlageblätter am Brandende unregelmäßig unter dem Deckblatt hervorragen.

Young Lady: Siehe Demi-Tasse.

Z: Das Zeichen Zino Davidoffs.
Zigarre: Eine Rolle aus ganzen Tabakblättern, die übereinandergewikkelt werden, wobei das Innere, Einlage genannt, von dem sogenannten Umblatt umgeben wird und so die sogenannte Puppe entsteht. Diese wird dann in das Deckblatt (oder den Dekker) gerollt, das das Äußere der Zigarre darstellt.
Zigarrenabschneider: Instrument in den verschiedensten Ausführungen zum Einschneiden des geschlossenen Zigarrenkopfes. Z. B. Guillotine, Zigarrenmesserchen mit gerader Klinge oder Kerbenschneider (die Schneiden bilden einen spitzen Winkel).
Zigarrenarbeiterin: Arbeiterin in der Zigarrenfabrik, meist mit dem Entrippen der Blätter beschäftigt, teilweise auch mit der unmittelbaren Herstellung der Zigarre.
Zigarrenmacher: Stellt die Zigarren ganz von Hand her.
Zigarrenkeller: Siehe Humidor.
Zigarette: Feingeschnittener Tabak, in ein Papierblatt gerollt.
Zigarillo: Besteht im Gegensatz zur Zigarre aus Schnittabak. Wird oft fälschlich für die Bezeichnung von kleinen Zigarren verwendet.

REGISTER

Seitenzahlen in *Kursivschrift* verweisen auf Abbildungen

BILDNACHWEIS

Schutzumschlag: J.-P. Dieterlen; **S. 1.:** Musée de la Seita, Paris; **S. 2–3:** Marc Walter; **S. 6–7:** J.-P. Dieterlen; **S. 8:** Joseph Hunwick/*Ymoda,* Barcelona; **S. 9:** Musée de la Seita, Paris; **S. 10:** Hulton Picture Library; **S. 11:** Galleria d'Arte Moderna, Rom/Luisa Ricciarini; **S. 12:** Musée des Beaux-Arts de Rouen/Giraudon; **S. 13:** *oben,* Réunion des Musées nationaux, *unten,* B. N., Paris; **S. 14:** *links,* Flammarion/DR, *oben* und *unten,* Musée de la Seita, Paris; **S. 15:** Arbook; **S. 16:** Musée de la Seita, Paris; **S. 17:** Musée de la Seita, Paris; **S. 18:** *oben,* Roger-Viollet, *unten:* The Bettmann Archive; **S. 19:** *oben,* Kipa, *unten links* und *rechts,* The Bettmann Archive; **S. 20:** *oben,* Springer/The Bettmann Archive, *unten,* Hulton Picture Library; **S. 21:** UPI/Bettmann Newsphotos; **S. 22:** *oben,* Musée de la Seita, Paris, *unten,* Springer/The Bettmann Archive; **S. 23:** Brassaï; **S. 24:** *oben,* J.-F. Claustre, *unten rechts,* Timshel, *unten links,* Musée de la Publicité; **S. 25:** J.-F. Claustre; **S. 26:** *links,* Musée de la Seita, Paris, *unten,* P. Romeyer/DR; **S. 27:** *oben,* Kipa, *unten,* Arbook; **S. 28:** Hulton Picture Library; **S. 29:** Erich Hartmann/Magnum; **S. 30:** Hulton Pictore Library; **S. 31:** Musée de la Seita, Paris; **S. 33:** *oben,* Hulton Picture Library, *unten,* Hachette, *unten rechts,* Musée de la Seita, Paris; **S. 34:** *oben* und *unten rechts,* Roger-Viollet, *unten links,* Musée de la Seita, Paris; **S. 35:** The Bettmann Archive; **S. 36:** Musée de la Seita, Paris; **S. 37:** Roger-Viollet; **S. 38:** *oben,* Hulton Picture Library, *unten,* The Bettmann Archive; **S. 39:** British Museum of Natural History/The Botanical Library; **S. 40:** Hulton Picture Library; **S. 41:** *oben,* Musée de la Seita, Paris, *unten,* Musée d'Art wallon, Lüttich; **S. 42:** Musée de la Seita, Paris; **S. 42–43:** Musée d'Art wallon, Lüttich; **S. 44:** *oben* und *Mitte,* Musée de la Seita, Paris, *links,* Roger-Viollet, *unten,* The Bettmann Archive; **S. 45:** New York Historical Society; **S. 46:** *oben* und *links,* Musée de la Seita, Paris, *unten,* Arbook; **S. 47:** Musée de la Seita, Paris; **S. 48:** Musée de la Seita, Paris; **S. 49:** Arbook; **S. 50:** Piquemal/Gamma; **S. 51:** Roger-Viollet; **S. 52:** *oben* und *Mitte,* Musée de la Seita, Paris, *unten,* DR; **S. 53:** *rechts,* Marc Walter, *oben links* und *Mitte,* Musée de la Seita, Paris, *unten,* T. Gravemaker; **S. 54:** Musée de la Seita, Paris; **S. 55:** *oben,* Tomas Sennett/Magnum, *rechts,* Musée de la Seita, Paris, *unten,* DR; **S. 56–57:** The Bettmann Archive; **S. 57:** Musée de la Seita, Paris; **S. 58:** *oben,* Tomas Sennett/Magnum, *links,* Hulton Picture Library, *unten,* The Bettmann Archive; **S. 59:** Hulton Picture Library; **S. 60:** *oben,* Coll. Juillé, *Mitte,* Roger-Viollet, *unten,* Marc Walter; **S. 61:** Musée de la Seita, Paris; **S. 62:** Musée de la Seita, Paris; **S. 63:** René Burri/Magnum; **S. 64:** *oben,* Marc Walter, *unten,* B. Richebé/Coprova; **S. 65:** B. Richebé/Coprova; **S. 66–67:** Karte Léonie Schlosser; **S. 68:** *oben,* Marc Walter, *unten,* René Burri/Magnum; **S. 69:** Susan Meiselas/Magnum; **S. 70:** Tomas Sennett/Magnum; **S. 71:** Musée de la Seita, Paris; **S. 72:** René Burri/Magnum; **S. 73:** René Burri/Magnum; **S. 74:** B. Richebé/Coprova; **S. 74–75:** B. Richebé/Coprova; **S. 76:** René Burri/Magnum; **S. 77:** B. Richebé/Coprova; **S. 78:** B. Richebé/Coprova; **S. 79:** B. Richebé/Coprova; **S. 80:** B. Richebé/Coprova; **S. 80–81:** B. Richebé/Coprova; **S. 82:** B. Richebé/Coprova; **S. 83:** B. Richebé/Coprova; **S. 84–85:** B. Richebé/Coprova; **S. 85:** Tomas Sennett/Magnum; **S. 86–87:** B. Richebé/Coprova; **S. 88:** Davidoff/DR; **S. 89:** *oben,* Davidoff/DR, *unten,* Marc Tulane, Rapho; **S. 90:** B. Richebé/Coprova; **S. 91:** B. Richebé/Coprova; **S. 92:** *oben,* Guy Bouchet, *unten rechts,* Magnum, *unten links,* B. Richebé/Coprova; **S. 93:** *oben,* Tomas Sennett/Magnum, *unten,* Cinémathèque française; **S. 94:** Tomas Sennett/Magnum; **S. 95:** Tomas Sennett/Magnum; **S. 96–97:** Tomas Sennett/Magnum; **S. 97:** Tomas Sennett/Magnum; **S. 98:** Musée de la Seita, Paris; **S. 99:** *oben,* Musée de la Seita, Paris, *unten,* B. Richebé/Coprova; **S. 100:** B. Richebé/Coprova; **S. 101:** B. Richebé/Coprova; **S. 102:** *oben,* Arbook, *unten,* B. Richebé/Coprova; **S. 103:** *oben,* B. Richebé/Coprova, *Mitte,* Musée de la Seita, Paris, *rechts oben* und *unten,* Arbook; **S. 104:** *oben,* B. Richebé/Coprova, *unten,* J.-P. Dieterlen; **S. 105:** B. Richebé/Coprova; **S. 106:** Marc Walter; **S. 107:** The Bettmann Archive; **S. 108:** Marc Walter; **S. 109:** Ginfray/Gamma; **S. 110:** *oben,* Marc Walter, *links,* Musée de la Seita, Paris; **S. 111:** *oben,* Musée de la Seita, Paris, *unten,* Marc Walter; **S. 113:** J.-P. Dieterlen; **S. 114:** J.-P. Dieterlen; **S. 115:** *oben,* Musée de la Seita, Paris, *unten,* UPI/Bettmann Newsphotos; **S. 118:** J.-P. Dieterlen; **S. 119:** Musée de la Seita, Paris; **S. 120:** *oben,* Anil Sharma, *unten,* Musée de la Seita, Paris/J.-P. Dieterlen; **S. 121:** Jesse Gerstein/Tiffany's; **S. 122:** *oben* und *unten,* Musée de la Seita, Paris/J.-P. Dieterlen, *rechts,* Coll. Musée Cartier, Genf; **S. 124:** *August Sander;* **S. 125:** Marc Walter, The Bettmann Archive; **S. 126:** Nicolas Tikhomiroff/Magnum; **S. 126–127:** Eve Arnoldt/Magnum; **S. 128:** Grazia Néri/Catalano; **S. 129:** *oben,* B. Laforêt/Gamma, *unten,* Moreau/Gamma; **S. 130–131:** J.-C. Francolon/Gamma; **S. 131:** Musée de la Seita, Paris; **S. 132:** J.-P. Dieterlen; **S. 133:** *oben,* L'Imagerie, Paris, *unten,* The Bettmann Archive; **S. 134:** *oben,* Marc Walter, *unten,* David Seymour/Magnum; **S. 135:** Mike Owen/Backstage; **S. 136:** Lord Snowdon; **S. 137:** *oben,* Cartier-Bresson/Magnum, *unten,* The Bettmann Archive; **S. 138:** Fred Meyer/Magnum; **S. 139:** Marc Walter; **S. 140:** Marc Walter; **S. 141:** Davidoff/Video-films; **S. 142:** Marc Walter; **S. 143:** Davidoff/DR; **S. 144:** Davidoff/DR; **S. 145:** Davidoff/DR; **S. 146:** Stills; **S. 147:** Davidoff/DR; **S. 148:** Marc Walter; **S. 150–151:** Marc Walter; **S. 152:** *oben,* Marc Walter, *unten,* Dunhill, London; **S. 153:** *links,* Marc Walter, *rechts,* Dunhill, London; **S. 154:** Marc Walter; **S. 155:** Marc Walter; **S. 158:** Domingo Batista; **S. 159:** Domingo Batista; **S. 160:** *oben,* Rechte vorbehalten, *unten,* Domingo Batista; **S. 161:** Rechte vorbehalten; **S. 162:** *oben,* Rechte vorbehalten, *unten,* Domingo Batista; **S. 163:** *oben* und *unten,* Domingo Batista; **S. 164:** Domingo Batista; **S. 165:** *oben* und *unten,* Tomas Sennett/Magnum; **S. 166:** *oben rechts,* Domingo Batista, *unten,* Rechte vorbehalten; **S. 168:** Domingo Batista; **S. 169:** Rechte vorbehalten; **S. 170:** Domingo Batista; **S. 171:** Gérard Plouvier/Amt für Tourismus der Dominikanischen Republik; **S. 172:** *oben,* Domingo Batista; **S. 174:** J.-P. Dieterlen; **S. 175:** Musée de la Seita, Paris; **S. 176:** Rio Branco/Magnum; **S. 177:** Marc Walter; **S. 178:** *oben,* Archiv für Kunst und Geschichte, Berlin, *links* und *rechts,* Musée de la Seita, Paris; **S. 179:** Koene/Explorer; **S. 180–181:** New York Historical Society, The Bella Landauer Collection; **S. 181:** Musée de la Seita, Paris; **S. 182:** Musée de la Seita, Paris; **S. 183:** *oben,* Museum of the City of New York, The Byron Collection, *unten,* Musée de la Seita, Paris; **S. 184:** *oben,* Tropenmuseum, Amsterdam, *Mitte,* The British Library, *unten,* The Bettmann Archive; **S. 185:** British Library, the India Office Library & Record; **S. 186:** Musée de la Seita, Paris; **S. 186–187:** Tropenmuseum, Amsterdam; **S. 188:** Boyer/Roger-Viollet; **S. 189:** *links,* Boyer/Roger-Viollet, *rechts,* Musée de la Publicité, Paris; **S. 190:** Musée de la Seita, Paris; **S. 190–191:** J.-P. Dieterlen; **S. 192:** Luisa Ricciarini/Vanna Rossi; **S. 193:** J.-P. Dieterlen; **S. 194–195:** J.-P. Dieterlen; **S. 196:** L. Pomès; **S. 197:** Agencia Efe, Madrid.

DANKSAGUNG

Wir danken dem *Musée-Galerie de la Seita,* Georges Mendy, dem kaufmännischen Direktor der Coprova, und Catherine Cocherau. Desgleichen gebührt unser Dank Jean Juillet, dem Ehrenpräsidenten der Association vitolphilèque et philuménique française, der so liebenswürdig war, uns die auf Seite 60 abgebildeten Bauchbinden zur Verfügung zu stellen; Raymond Scheurer, dem stellvertretenden Generaldirektor von Davidoff International; Phillip Watts von Dunhill, London; der *Boutique 22* in Paris, Gérard Père et Fils in Genf, Ernst Esch, Délégué Commercial Davidoff d'Allemagne, und Rolf Wilhelm, dem Leiter der Tabakabteilung von Dallmayr in München.

Unser Dank geht ebenfalls an Anne-Marie de Rougemont, Tahar Ben Jelloun, Xavier Domingo, Pierre Romeyer, Michel Trama, Pierre Troisgros und alle Zigarrenliebhaber, die uns so freundlich Rede und Antwort gestanden haben.

Und schließlich danken wir Caroline Patey für ihre Mitarbeit.

Für den Textbeitrag über die Zigarren der Dominikanischen Republik danken wir Harold Starke und dem Autor Nick Foulkes. Unser Dank gilt außerdem dem Amt für Tourismus der Dominikanischen Republik, dem Fotografen Gérard Plouvier und dem Magazin Club Cigare für die Genehmigung zur Reproduktion der Fotos von der Zigarrenfabrik Caoba. Und schließlich danken wir Axel Buret vom Grafikstudio Flammarion.